액션리더십

뛰어난 리더는 어떻게 침체된 조직을 일으키는가

액션리더십

뛰어난 리더는 어떻게 침체된 조직을 일으키는가

ACTION LEADERSHIP

임태조 지음

가디언

리더십은 동행이자 성장이다

사람들이 기억하는 리더는 어떤 사람일까? 사람들 대부분은 리더가 이루어놓은 성과를 보고 기억한다고 생각한다. 물론 틀린 말은 아니다. 하지만 내가 아는 한 리더는 자기 자신보다는 다른 사람들을 위해 한 일로 각인된다고 믿는다. 한마디로 리더는 자신의 성공보다는 조직원들을 섬기고 그들의 성장에 관심을 기울이는 사람이다. 조직의 맨 꼭대기에서 권위를 내세우며 군림한다고 해서 사람이 따르고 팀의 기강이 잡히는 것이 아니다. 오히려 맨 아래에서 봉사하는 것임을 잘 알고 있는 사람이 위대한 리더로서 능력을 인정받고 진정한 사람을 얻는다.

자신이 짊어져야 할 책임과 고통을 감수할 준비가 되어 있는가? 기꺼이 자신을 희생하며 열정과 진정성으로 사람들을 이끌고자 하는가? 대단한 결의처럼 보일지 모르겠지만 이는 리더가 지녀야 할 당연한 마음가짐이다. 이런 마음과 자세를 가진다면 자연히 사람들은 신뢰를 보내고 따르게 된다. 리더십은 리더에게 주어진 권한이 아니라 팔로워(조직원)들의 신뢰가 바탕이 되어 성립되는 것이다. 그러니 리더십이라는 건 결코 거창하거나 화려하지 않아도 된다.

리더의 가장 중요한 덕목 중의 하나인 '열정'이 라틴어 어원에서 '고통'을 의미한다는 점도 의미심장하다. 실제로 리더가 열정을 가지고 조직의 공동 목표를 향해 나아가다 보면 종종 다양한 사람들의 안정과 성공의 충돌 앞에서 고통스러운 선택을 해야 하는 경우가 발생한다. 특히 오늘날과 같이 다양한 세대의 다양한 의견이 폭발하는 시대에는 더욱 그렇다. 이런 때는 오직 조직과 조직원을 사랑하는 진정성으로 소통하는 것만이 신뢰를 얻는 지름길이다.

리더가 조직의 공동 목표인 꿈을 실현하기 위해서는 용기가 필요하다. 그런데 용기는 늘 힘든 결단이며 어려운 선택이기 때문에 크고 작은 희생을 강요한다. 하지만 그런 리더의 용기 있는 결단과 선택이 조직의 혁신적인 변화를 이끄는 방아쇠가 된다.

조직의 변화는 미래를 지향해야 한다. 조직원 모두의 삶이 보다 나아져야 한다는 열망이 전제되어야 한다. 따라서 단기적 성과에 집착하기보다는 장기적 목표를 추구해야 한다. 중요한 건 미래의 지향점이 오로지 리더만의 목표이거나 꿈이어서는 안 된다는 점이다. 조직원 모두가 각자의 꿈을 꿀 수 있도록 일깨워주고 그들 스스로 자신을 리더로 성장해나갈 수 있도록 이끌어야 한다. 리더십은 결코 꼭대기에 있는 몇 사람의 전유물이 아니라 모든 사람이 공유해야 할 가치이기 때문이다. 그렇기에 리더십은 동행이고 성장이다.

나도 한때(그룹 연수원에서 리더십 전문가로 활동할 때) 리더는 열정적인 에너지와 강력한 카리스마로 조직을 이끄는 사람이라고 생각한 적이 있다. 그러다가 다양한 업무 경험과 좋은 상사들의 코칭을 통해 리더십이란 카리스마를 가지고 사람들 위에 군림하는 것이 아니라 다른 사람들이 보다 높은 성과를 낼 수 있도록 이끌어주는 것임을 깨달았다. 때마침 이런 나의 깨달음을 증명할 기회가 생겼다. 삼성그룹 연수원에서 30년 가까이 인재를 양성하며 살아온 내가 손해보험 사업부장으로서 현장 리더십을 발휘할 소중한 시간을 갖게 된 것이다. 곧바로 내가 생각하는 리더십 구현을 위해 구체적인 목표를 만들었다.

❶ 사업부 현장에서 어떤 리더십을 발휘할 것인가?

❷ 조직원들에게 어떤 비전을 주고 어떤 방법으로 그들을 양성할 것인가?

❸ 보험영업 생태계를 어떻게 개선하고 사업부의 조직문화를 만들 것인가?

❹ 꿈의 1등 사업부 목표를 달성하고 어떻게 지속 성장시킬 것인가?

❺ 주어진 사명을 잘 마무리한 나는 얼마나 더 성장할 것인가?

이 책은 2년 동안 호남사업부에서 사업부장으로 일하며 목표를 달성하기 위해 현장에 적용했던 리더십 이론과 실천 가이드를 가감 없이 기술했다. 결과는 필자인 나도 깜짝 놀랄 만큼 대단했다. '영업 성과 레전드 8연패'의 기적이 일어난 것이다. 침체되어 있던 조직은 활력이 생겨났고, 조직원들은 무슨 일이든 해낼 수 있다는 자신감이 넘쳐흘렀다. 치열한 영업현장에서 기적을 함께 만들어낸 호남사업부의 지역단장, 지점장, 총무 그리고 설계사 한 분 한 분의 얼굴이 주마등처럼 스쳐 간다.

2년 동안 사업부에서의 시간은 내 인생의 변곡점이었다. 지식만으로 교만하던 나에게 현장은 겸손을 배울 수 있는 기회를 주었고, 자신의 삶에 최선을 다하는 동료와 후배들을 통해 인생의 참맛을 느낀 소중한 경험이었다. 그 아름다운 분들의 노고에 존경을 담아 보답하는 마음으로 부끄럽지만 용기를 내어 이 책을 헌사한다.

마지막으로 현재의 내가 있기까지 많은 가르침과 성장의 기회를 준 삼성의 경영진 선배님들, 그리고 삼성의 역군으로 함께 땀 흘렸던 동료와 후배들에게 깊이 감사드린다.

2021년 6월 임태조

차례

저자의 말

1부

리더십 액션 1

내 인생의 리더가 되자

1장

마음가짐

당신에게 일은 무엇인가?

세 명의 벽돌공이 작업을 하고 있었다. 지나가던 사람이 그중 한 사람에게 물었다.

"지금 무슨 일을 하고 계십니까?"

"보면 모르오? 지금 벽돌을 쌓고 있지 않소!"

또 한 사람에게 물었다.

"돈을 벌기 위해 담을 쌓고 있소!"

남은 한 사람에게 물었다.

"저는 아름다운 성당을 짓고 있습니다!"

같은 일을 하는데도 세 사람은 자신이 하는 일에 대한 의식이 사뭇

달랐다. 첫 번째 사람은 일의 노예고, 두 번째 사람은 돈의 노예다. 세 번째 사람만이 자신이 하는 일에 대하여 의미와 가치를 부여하는 사람이다.

일은 우리의 삶을 의미 있게 만드는 중요한 에너지다. 그럼에도 "당신은 왜 일을 합니까?"라고 물으면 대부분이 "먹고 살기 위해서요"라고 대답한다. 일의 의미를 먹고 사는 것, 즉 '돈'에 한정시킨 것이다. 그런데 정말 그것이 일하는 이유의 전부일까? 만약 당신에게 돈이 많다면 오늘 당장 일을 그만둘 것인가?

우리가 일하는 이유 가운데 돈이 꽤 중요한 부분을 차지한다는 것은 분명하다. 하지만 돈이 전부가 되면 일은 중노동이 되어버린다. 실제로 우리 주변을 살펴보면 돈이 많은 사람임에도 불구하고 자신의 일을 찾아 열심히 사는 사람이 많다. 먹고 사는 데 아무 지장이 없는 그들은 왜 그렇게 열심히 일하는 것일까? 일은 단순히 생존을 위한 수단이 아니라 인간으로서 자신이 살아 있음을 확인하는 행위이기 때문이다.

우리는 행복할 권리가 있다

"왜 사는가?"라는 질문을 스스로에게 던져보자. 사실 이 질문에 답을 할 수 있어야 "나는 어떻게 살아야 하는가?", "나의 꿈과 비전은 무엇인가?", "나의 올해 목표와 계획은 무엇인가?"라는 보다 구체적인 삶으로 자신을 이끌어갈 수 있다.

'왜 사는가?'에 대한 나의 답은 심플하다.

"행복하기 위해서."

존재론적 질문치고는 너무 간단하고 추상적이라고 생각할지 모르겠다. 그런데 나의 답은 사실 내가 만들어낸 답이 아니다. 부처님의 '자비慈悲', 공자님의 '인仁', 예수님의 '사랑'의 가르침을 한마디로 정의하면 '행복한 삶을 살아라'이다. 이 답은 사람에게만 해당하지 않는다. 세상에 태어난 모든 존재는 행복할 권리를 가지고 이 땅에 왔다. 그러므로 '행복하기 위해서'라고 굳이 결심하지 않더라도 우리는 이미 행복할 권리를 가지는 것이다. 만약 '나는 지금 행복하지 않아'라고 생각하는 사람이 있다면 그는 자신의 권리를 포기하고 있는 것이다. 혹, 한 번도 그런 생각을 가져보지 않았다면 그는 아직 자신의 권리를 찾지 않은 것이다. 지금 당장 스스로 '나는 행복할 권리가 있다'라고 선언하라. 그러면 당신은 이제 삶의 목적과 이유가 분명해졌다.

그다음으로 당신에게 행복을 주는 요인들을 정리해보면 어떻게 살아야 하는지 금세 찾을 수 있다.

나에게 행복을 주는 가장 소중한 것은 단연 가족이다. 존경하는 부모님, 사랑하는 아내, 내 인생의 선물인 아이들……. 그다음으로는 성취감이다. 밤낮을 가리지 않고 미친듯이 몰입했다가 성과를 냈을 때 찾아드는 성취감은 나에게 더할 수 없는 기쁨이자 존재감을 가져다준다. 물론 몰입할 수 있는 일을 찾는 게 우선이긴 하다. 참고로 우리를 몰입으로 이끄는 것은 세 가지라고 한다.

'좋아하거나, 돈이 되거나, 고통스럽거나.'

그런데 이 세 가지 가운데 좋아하는 것이 아닌 경우는 행복을 가져다주지 못한다. 그러므로 돈을 좇거나 고통스러워 억지로 일을 하는 것은 여기에서 언급할 필요조차 없다.

자, 행복하기 위해서는 '좋아하는 것을 해야 한다'라는 결론이 자연스럽게 도출되었다. 이제 다음 단계로 '어떻게 살아서 나의 꿈과 비전을 향해 목표를 세우고 그 목표를 향한 계획을 실행할 것인가?'라는 질문에 답을 해보자.

각자 자신의 행복을 위해 자신만의 질문에 스스로 답을 만들어가면 하루하루의 삶은 보다 분명해진다. 이런 사람들을 우리는 자기 인생의 주인으로 사는 사람이라고 한다. 만약 당신이 아직 이런 구체적인 삶이 정립되어 있지 않았다면 당신은 남의 눈치를 살피며 살고 있을 것이다.

경험상 일을 잘하고 일에 몰입하고 성과를 내는 사람들의 가장 기본적인 공통점은 이처럼 자신의 인생 그리고 직업, 인간, 조직에 대한 명확한 가치관이 구체적으로 정립되어 있었다. 선진국 국민일수록 삶과 일에 대한 철학이 잘 정리되어 있어 스스로 자기 존재에 강한 자부심을 가진다고 한다. 즉, 돈을 좇거나 생계를 위해 고통스러운 '노동'에 인생을 허비하지 않고 가치 있는 '일'을 하면서 자기 인생의 주인으로 살아간다는 의미이다.

일 vs 노동

'어떻게 살 것인가?'에 대해 우리는 단호히 노동이 아닌 일을 하면서 살아야 한다고 결심해야 한다. 인생 황금기인 20대부터 60대까지 하루 가용 시간 중 70~80%를 일하며 직장에서 보낸다. 그 많은 시간 동안 일을 할 것인지 노동을 할 것인지는 각자의 선택에 달려 있다. 다시 말해 자기 인생의 주인이 될 것인지 아니면 비루하게 다른 사람의 눈치를 살피며 사는 하인으로 살 것인지를 결정하는 것이다. 일찍이 애덤 스미스는 『국부론』에서 노동과 일의 차이점을 이렇게 정리했다. "일과 노동이 무언가를 산출한다는 사실은 비슷하다고 할 수 있으나, 노동은 어떤 문제를 해결하거나 필요한 물건을 다루는 일을 하면서도 그 과정에서 어떤 깨달음도 얻지 못하는 하인의 일과 같다."

노동labor 사람이 생활에 필요한 물자를 얻기 위하여 육체적 노력이나 정신적 노력을 들이는 행위. 몸을 움직여 일을 하는 것.

일Work 무엇을 이루거나 적절한 대가를 받기 위하여 어떤 장소에서 일정한 시간 동안 몸을 움직이거나 머리를 쓰는 활동. 또는 그 활동의 대상.

오늘도 수많은 사람이 일 때문에 받는 스트레스를 호소한다. 그런 사람은 병원을 찾기 전에 '내가 일을 하고 있는가, 노동을 하고 있는가?'를 진지하게 고민해보아야 한다. 단지 돈 때문이거나 잘리기 싫어서 하는 일이라면 병원을 가도 소용없다. 좋아서 하는 일이 아니기에 열정이 없고 몰입할 수도 없는 것이다. 이럴 때는 먼저 일에 대한 다른 의미를 부여하기 위해 노력해야 한다. 세상에 의미 없는 일은 없다. 모든 일은 의미가 있고 중요하다. 단지 스스로 하는 일에 가치를 부여하지 못하고 있을 뿐이다. 먼저 자신에게 어떤 이유로 일이 필요한지, 그래서 어떤 가치가 있는지를 알아야 한다. 일에 가치가 부여되면 그때부터 열정이 솟아난다. 가치 있다는 것은 중요하다는 것 이상의 의미가 있기 때문이다.

내가 만난 성공한 사람 대부분은 자신만의 일에 가치를 정립하고 있었다. 앞서 살펴본 바와 같이 돈(생계)을 위해 어쩔 수 없이 하는 일이 노동이라면 가치 있는 일은 본질적으로 누군가를 돕기 위함이고 그로 인해 누군가에게 긍정적인 영향을 끼치는 것이다. 자기가 하는 일이 어떻게 다른 사람들에게 도움을 주고 세상을 변화시키는지를 이해하고 있다면 금상첨화가 아닐 수 없다.

일에 가치를 부여하면 열정이 생겨난다고 했다. 생계를 위해 어쩔 수 없이 하기 싫은 노동을 하지 않게 되면 그는 그 일을 할 때마다 스스로 동기를 부여하게 되고, 더 나은 목표를 향해 끊임없이 노력하게 된다. 가치 있는 일의 선순환 구조가 만들어지게 되는 셈이다. 즉, 다른 사람에게 도움이 되는 일을 하면 열정이 생겨 몰입하게 되고, 더 나은 목표를 향한 끊임없는 동기부여를 통해 스스로 행동을 유발하는 것이다. 가치는 자신의 행동을 통해 실천되고 타인에게 어떻게 권하느냐에 따라 실현된다. 목표는 미래를 위한 것이고 가치는 현재를 위한 것이다. 목표는 결정하는 것이고 가치는 실천하는 것이다. 또한 목표는 변할 수 있지만, 가치는 변함없는 바위 같은 존재다. 일에 대한 가치를 명확히 알게 될 때 그 일을 하는 사람들의 마음가짐과 태도가 달라지고 그 가치에 부합하는 자신을 만들려고 할 것이다.

그래서 가치란 어떤 일을 하느냐가 중요한 것이 아니라 그 일에 대한 마음가짐이 중요하다. 인간에 대한 이해가 부족하거나, 인간의 삶을 이해하고 이롭게 하겠다는 마음이 없으면 어떤 일을 하든 잘할 수 없고 힘에 부치며 스트레스 상황이 오면 본질적인 이유에 걸려 넘어진다. 다시 말해 일의 본질은 타인을 위한 선한 목적이 있어야 하고 본질이 명확할 때 흔들리지 않고 나아갈 수 있다.

일의 가치는 개인적인 차원에서도 중요하지만, 리더에게는 말할 것도 없다. 조직을 이끄는 리더는 조직의 명확한 가치를 바탕으로 조직원들이 스스로 일을 할 수 있도록 동기부여를 해야 직원들의 몰입과 열정을 이끌어낼 수 있다. 목적은 나의 존재 이유다. 목적은 단지 하고 싶은 일을 설명하는 데 그치지 않고 '왜 그 일을 하는가?'라는 물음에 답하게 한다. 또한 나를 원하는 이의 입장에서 내가 정말로 하는 일이 무엇인지를 뚜렷하게 해준다. 훌륭한 사람들은 모든 사람의 흥미와 참여를 불러일으키는 깊이 있고 고결한 목적의식(의미 있는 목적)을 가지고 있다. 단어 자체보다는 그것이 사람들에게 갖는 의미가 더 중요하다. 뚜렷한 가치는 목적을 추구함에 있어 어떻게 진행해 나갈 것인가에 대한 폭넓은 지침을 제공한다. 가치는 '나는 무엇을 토대로 어떻게 살고자 하는가?' 하는 질문에 대한 답이다. 가치의 실행을 보여주는 행동들이 정확히 무엇인지 알 수 있도록 가치가 분명하게 기술되어야 한다. 가치를 단지 좋은 취지에만 그치게 하지 않으려면, 일관성을 가지고 실천해야 하며 개인적 가치가 나와 일생을 함께할 이들의 가치와 함께하는 것이 좋다. 자신이 꿈꾸는 삶의 목적과 일하는 목적이 일치할 때, 그때가 가장 행복한 순간은 아닐까? "어떻게 살 것인가?"라는 물음에 아직 답을 찾지 못했다면 멀리서 헤매지 말고 지금 당장 자신이 하는 일의 가치가 무엇인지부터 정립하는 것이 좋다.

직이 아니라 업이다

앞서 언급한 것처럼 나에게 일한다는 것은 밥벌이 그 이상의 의미를 지닌다. 일한다는 것은 자기 자신에게 부끄럽지 않은 자부심이며, 안주하고 싶은 나태함을 이길 수 있도록 나를 격려하는 것이며 삶의 열정을 불어넣는 것이며, 미래의 나와 현재의 나에게 존재감을 주는 행위이다. 내가 하는 일 그 자체가 나 자신을 말해주며, 또한 그 일을 어떻게 하고 있는지가 내 인생을 표현해준다.

그룹 인력개발원에서 근무할 때 나를 가장 긴장하게 하는 교육생들이 있었다. 그들은 우리나라 최고라고 말하는 삼성의 CEO들이었다. 늦은 밤까지 토론과 과제를 한 후 술 한잔까지 나누고 잠자리에 들었는데, 누구라고 할 것 없이 새벽 5시면 기상하여 헬스장에 모여들었다. CEO 자리까지 오른 사람들이면 더 이상 오를 곳이 없어 그만 쉴 생각도 하련만 그들은 누구보다 더 치열했다.

나를 긴장시키는 또 다른 사람도 있다. 그는 자수성가하여 큰돈을 벌었다. 서울 동서남북에 누구나 알 만한 큰 건물을 가진 그가 콧물 닦는 모습을 본 적이 있는데, 글쎄 휴지를 반으로 잘라 쓰고 나머지는 주머니에 넣는 것이 아닌가? 이유를 물었더니 '알레르기로 재채기를 자주 하는데 작은 콧물 좀 닦는데 큰 휴지를 쓰는 것이 낭비'라는 이유였다.

이 두 경우를 본 사람들의 반응은 제각각일 것이다. 어떤 사람은 '해도 너무한다'라고 할 것이고, 어떤 사람은 '역시 대단하다'라고 할 것이다. 그런데 나는 그들이 너무하지도 대단하지도 않다는 것을 안다. 그들의 그런 삶의 모습은 그들 스스로 만든 자신의 인생관에 따라 자연스럽게 행동으로 표현되는 것뿐이다. '생각이 습관을 만들고 습관이 행동을 만들고 행동이 운명을 만든다'라는 유명한 조언도 있지 않은가?

그러므로 올바른 인생관을 가졌다는 것은 생각과 습관과 행동이 이미 자신의 꿈과 비전을 향한 구체적인 목표와 계획으로 정립되어 있다는 의미다.

이렇듯 우리 인생에서 꿈과 비전을 달성하는 가장 중요한 수단은 직업이다. 그래서 생뚱맞긴 하지만 직업의 어원을 짚고 넘어가자. 직업은 단순한 생계유지를 위한 Occupation의 의미를 넘어 Vocation 즉, 천직이라는 의미로 인식되고 있다. 다시 말해 직업은 천직으로서의 의미Vocation, Profession, Beruf로 독일어 Beruf는 루터가 성서를 번역하는 과정에서 쓴 '직업, 소명'이라는 의미를 담고 있다. 업業은 생업으로서의 의미Occupation, Business, Geschaft로 독일어 Geschaft는 장사, 상업, 사업 등 일반적인 '업무'의 의미다. 그런데 사람들은 대개 직에 관심이 많지 업은 뒷전이다. 직만 추구하면 업을 잃는다. 실업失業하는 것이다. 그러나 업을 추구하면 직은 거짓말같이 따라온다. 모 신문 논설위원의 견해가 명쾌하다. 그는 '직이 아니라 업이다'라는 단호한 선언과 함께 부연하여 '직은 직위 혹은 자리이고, 업은 스스로에게 부여된 과업이다'라고 설명을 곁들였다. CEO에 오르고도 치열함을 유지하는 그들은 이미 알고 있었다. 직은 잠깐이지만 업은 평생 가는 것임을 말이다. 특히 100세 시대인 요즈음은 더욱 평생 업을 갖는 것이 중요하다. 그러므로 우리는 업으로 진검 승부를 해야한다. 물론 쉬운 일이 아니지만 그렇다고 어려운 일도 아니다.

"아빠가 하는 일이 뭐예요?"라는 자식들의 질문에 무엇이라 대답할 것인가를 상상해보라. "당신이 하는 일이 뭐예요?"라는 고객의 질문에 어떻게 대답할 것인지 상상해보라. 다음의 네 가지에 대한 답이 당신의 업을 정리해줄 것이다.

❶ 왜 회사에 나가는가?

❷ 회사에서 일하는 이유는 무엇인가?

❸ 회사가 나에게 요구하는 것은 무엇인가?

❹ 이 업무를 수행함으로써 나에게 얻어지는 것은 무엇인가?

❺ 이 업무를 내가 정말 원해서 하는 것인가?

회사는 사람이다. 회사는 구성원의 역량이 경쟁력이다. 인생 가치관이 어떠한가에 따라 나의 미래가 결정된다면 회사에 있는 구성원들의 일에 대한 가치관, 직업관이 어떠한가에 따라 그 회사의 미래가 좌우된다.

한 사람이 꿈을 꾸면 그것은 꿈이지만, 여럿이 꿈을 꾸면 그것은 현실이 될 수 있다.

리더의 액션
일에 대한 본질과 가치 만들기

호남사업부 사업부장으로 부임하기 전까지 나는 삼성화재보험회사에서 2년을 근무했지만, 보험영업에는 문외한이나 다름없었다. 나를 맞이한 호남사업부 영업 베테랑들이 바라보는 시선도 예상과 다르지 않았다. 내가 자주 들었던 질문이 "보험도, 영업도 모르는 사람이 어떻게 영업을 잘하는가?"였다. 하지만 나는 그룹 인력개발원에서 30여 년간 리더십을 연구하고 강의해온 사람이다. 영업은 몰라도 리더가 무슨 일을 해야 하는지는 잘 알고 있었다. 보험영업이 단순히 보험계약을 몇 건 더 해서 매출을 늘리고 수익을 창출하는 것 이상의 '본질과 가치'에 대해 정리할 필요가 있었다. 그래서 오래 영업한 후배나 동료들에게 보험영업의 본질에 대해 질문했다.

자본주의 사회에서 같은 종류의 사고를 당할 위험성이 있는 많은 사람이 미리 금전을 각출하여 공통 준비 재산을 형성하고, 사고를 당한 사람이 이것으로부터 재산적 급여를 받는 경제 제도　(＊출처_네이버 지식백과)

　이런 정의를 바탕으로 나는 내 나름의 '보험영업'에 대한 정의를 내렸다. 보험을 인수분해 방식으로 먼저 정리하면 "세상의 어려움에 맞서 고객의 위험을 담보하고, 십시일반의 정신으로 힘들고 어려울 때 희망을 만들어주는 역할을 하는 경제 제도"라고 말할 수 있다. 여기에 더 고민하고 생각해보니 보험은 감히 인류역사상 최고의 발명품이라는 생각이 들었다. 내가 사고가 났을 때 도움을 받고 내가 사고가 없으면 다른 사람을 도와줄 수 있는 경제 제도이기 때문이다.

　한편, 영업의 개념을 정리해보면 영업이라는 것은 "상품이나 재화를 필요로 하는 고객에게 판매하고 이를 통해 고객의 만족과 이익을 창출하는 활동"이라고 정리할 수 있다.

　인류역사상 최고의 발명품인 보험상품은 다른 영업과 비교할 때 아이러니하게도 역사상 영업 난이도 최상의 상품이다. 생산재, 소비재, 생활용품, 식음료 등 모든 영업이 소비자에게 직접 전달할 수 있는 유형의 상품인 데 반해 보험은 미래에 다가올지 어떨지도 모르는 고객의 위험을 담보하는 복잡한 무형의 상품을 판매하는 것이기 때문이다. 그것도 고객이 직접 필요하여 찾아오지 않고 우리가 고객을 찾아가야 하는 데다가 상품을 진열한 매장도 없어서 가가호호 방문해야 한다. 한두 번에 성사되는 경우는 거의 없다. 미래의 위험을 설명하고 설득하는 고도의 기술이 필요한 무형의 상품을 팔아야 한다.

하지만 삶에 소중한 상품을 팔고 있는 이들을 바라보는 외부 시선은 어떠한가? 그렇게 호의적이지는 않은 것이 사실이다. 그래서 더욱 보험영업이라는 일에 대한 가치와 자긍심이 필요했다. 나는 후배들에게 "보험영업의 가치는 무엇인가?"라고 질문했다. 그랬더니 "목표를 달성하는 것, 보험계약 건수를 늘리는 것"이라는 실적 중심의 답변이 돌아왔다. 물론 답이 틀린 것은 아니다. 영업의 최종적인 결과는 실적이고, 실적으로 평가받아 보상이 따르는 사람들에게는 그것이 가치였을 것이다. 하지만 실적 중심의 가치는 일에 대한 자긍심을 높이고 열정을 끓어오르게 하는 데는 한계가 있다. 이런 생각은 생계를 위한 노동의 가치와 다르지 않기 때문이다.

먼저 우리가 하는 일에 대한 가치를 정립해야 했다. 그래서 다음과 같은 모토motto를 정리해 공유하기 시작했다.

"우리는 매일 기적을 만들고 생명을 살리는 가치 있는 일을 하고 있다."

단어의 뜻을 찾아보면 '기적'이라는 단어는 거창한 것이 아니라 '상식으로 생각할 수 없는 기이한 일'을 말한다.

그렇다면 우리 일이 왜 기적인가? 첫째, 우선 냉장고처럼 고객이 필요할 때 알아서 찾아오는 상품을 다루고 있지 않다. 게다가 이해시키기 어려운 매우 복잡하고 어려운 상품을 설계해야 한다. 그런 상품을 우리가 직접 고객을 찾아서 수십 번에 걸쳐 이해시킨 후 겨우 한 건의 계약을 체결한다. 이 자체가 기적 같은 일이다.

둘째, 매월 주어진 목표액을 달성하기 위해 발에 땀이 나도록 뛰어다녔는데 또 새로운 달이 시작되면 도저히 불가능할 것 같지만 목표를 향해 다시 질주하는 일 자체가 기적이다. 매일, 매월도 기적인데 매년 그렇게 일하면서 10년, 20년, 30년 동안 영업 전선을 지켜온 자체가 기적인 것이다.

왜 생명을 살리는 가치 있는 일인가? 의사나 간호사만 생명을 살리는 일을 하는 것이 아니다. 보험사 직원들도 고객 안전을 위해 철저한 사전준비를 한다. 신체적, 물질적 피해를 최소화하기 때문에 생명을 살리는 일이다. 주변에서 일을 찾아 주체적인 경제활동을 하고 싶어 하는 지인들을 불러 교육한 다음 보험업계에서 일할 수 있도록 일자리를 만들어주는 것도 한 사람의 생명, 한 가족의 생명을 살리는 가치 있는 일이다. 이렇게 '보험영업의 본질과 보험영업의 가치'를 호남사업부 3천 명 가족들과 공감대를 형성하고 공유했다.

대부분 처음에는 무슨 말인가 싶다가도 어느새 고개를 끄덕이며 공감한다. 그리고 더불어 이야기한다. 다른 사람들이 우리의 격을 만들어주지 않는다. 우리 스스로 자긍심과 가치를 가지고 영업이라는 활동을 할 때 보다 더 당당해질 수 있다. 그리고 힘든 난관에 부딪혔을 때도 참고 인내하며 나아갈 수 있다. 나는 매일 "우리는 매일 기적을 만들고 생명을 살린다"를 외쳤다. 이로써 나의 본격적인 리더십 액션이 시작되었다.

리더십 액션 가이드

- 구성원들이 일하는 이유가 무엇인지 정리하게 하라.
- 구성원들이 하는 일에 의미를 부여하라.
- 일에 대한 업의 개념과 본질은 정리하고 전파하라.
- 일에 대한 일의 가치Work Value를 정리하고 전파하라.
- 구성원들이 일을 통한 가치를 개인, 가정, 조직과 나란히 정비Align시키도록 교육하라.
- 구성원들이 일을 통해서 성장, 성취, 성공하도록 격려하라.
- 구성원들 각자 자신의 일에 대한 사명서Mission Statement을 작성하도록 하라.
- 구성원들이 자신의 일을 사명Mission에서 소명Calling 수준까지 발전시키도록 수시로 동기부여하라.
- 구성원들이 자신의 일을 통해서 사회에 공헌할 가치 있는 삶을 실현하도록 도와라.

2장

주인의식

자기 인생의
주인인 사람이 프로다

"직장인 투자자라도 자신의 돈으로 투자하는 것처럼 절박하게 고민하고 행동해야 성공할 수 있습니다. 단순히 '대리인'의 생각으로 적당히 투자해서는 결코 치열한 경쟁에서 이길 수 없겠지요. 오너처럼 생각하고 행동해야 자신도 실력이 쌓이고, 궁극적으로 CEO도 되고 오너도 될 수 있는 겁니다."

세계적인 부자 워렌 버핏이 입버릇처럼 말하는 자신의 성공 비결이다. 한마디로 모든 일에 주인으로서 책임감으로 '오너처럼 행동'하라는 말이다.

내가 만난 모 그룹의 회장은 매년 들어오는 신입사원 가운데 일하는 모습을 보면 과장이 될 사람, 부장이 될 사람, 임원이 될 사람, 대표까지 기대가 되는 사람이 보인다고 한다. 물론 일로 나타내는 성과도 중요하지만, 그보다는 그가 일하는 책상과 사무실만 보아도 안다고 한다. 기대되는 사람일수록 자신이 일하는 공간부터 장악한다. 책상 위의 서류, 상사의 지시사항, 당일 처리할 업무 등 업무 장악은 물론 이면지 활용과 같은 물품 절약뿐만 아니라 주변에 떨어져 있는 휴지 한 장도 허투루 놔두지 않는다고 한다.

아마도 직장인에게 가장 실없는 말 중 하나가 '회사의 주인처럼 일하라'라는 말일 것이다. 사실 주인도 아닌데 주인처럼 일하는 것은 위험하고 우스운 행동이다. 요새 젊은이들이 싫어하는 회사 중의 하나가 가족처럼 일하는 회사다. 때로는 가족도 불편한 마당에 회사 사람들과 가족처럼 엉킨다는 것은 현실적으로 마뜩지 않는 것이다.

그럼 '주인의식'이란 도대체 무슨 의미인가? 나는 그것을 '인생의 주인공으로 사는 사람들이 가지고 있는 정신'이라고 정의한다. 자기 인생의 주인공이 되기 위해서 우선되어야 하는 과제는 자기 생존을 책임질 수 있어야 한다는 점이다. 마치 어린아이가 어른보다 말을 빨리 배우는 이유와 같다. 타국에서 생존해야 하는 어른도 비슷하다. 살기 위해서 필사적으로 말을 배워야 하는 경우가 아닌 사람들은 어지간해서는 외국어를 빨리 익히지 못한다. 즉 생존력과 절실함에 따라 일을 대하는 태도가 달라지고 결과 또한 달라진다. '이 회사에서 나가면 갈 데가 없고 여기서 무너지면 먹고사는 문제에 치명적이니 나는 반드시 살아남아야 한다'라는 절실함으로 무장한 사람이라면 성공할 확률이 훨씬 높아진다. 주인의 대부분은 절실함을 갖고 있다. 가게나 회사가 내 삶이고 생존의 방편이기 때문이다.

주인의식이 있는 사람은 일과 회사에 대한 자긍심을 가진다. 주인의식이 없는 사람은 그저 월급이나 받기 위해 자신에게 맡겨진 일만 처리한다는 안일함으로 일한다. 즉, 영혼 없는 기계처럼 일Work이 아니라 행동Activity하는 것이다. 그렇기에 일에 몰두할 수 없으며, 일을 통한 자기완성 또한 불가능하다.

그러나 주인의식이 있는 사람은 자기 일이 얼마나 소중하고 훌륭한 의미가 있는지를 잘 알고 있다. 주인의식이란 주인은 아니지만, 주인이 되어 생각하고 주인과 같이 행동함을 의미한다. 주인의식을 가진 자만이 주인이 될 수 있고 주인이 되었을 때 그것을 감당할 수 있다. 기업가 정신은 주인의식의 구체적 구현이라고 할 수 있다. 기업가들의 생각과 행동 특성들을 보면 그들은 맞닥뜨린 상황에 적극적이고 능동적으로 대처하고 대비하는 주인의식을 바탕에 깔고 있다. 그래서 회사의 주인은 아니지만 자기 일의 주인으로 일하는 사람들은 곧 회사의 주인으로 일하는 사람과 별 차이가 없다. 그들은 곧 회사의 주인이 될 가능성이 매우 크다.

주인의식은 프로의식

"긍정적인 태도로 10년 이상 경험을 쌓은 사람이 자신이 하는 일을 다른 사람에게 설명할 수 있는 지식을 갖춘 사람을 프로라고 한다."

이 정의를 내린 사람은 경영의 구루로 칭송받았던 피터 드러커Peter Drucker 박사다. 드러커 박사는 이 말을 하면서 순서가 바뀌면 프로가 아니라고 했다. 곧 프로의 세 가지 요소인 태도Attitude, 경험Experience, 지식Knowledge 모두 중요하지만, 태도가 가장 먼저라고 강조한 것이다. 나는 처음 이 문장을 접했을 때 '왜 굳이 태도를 강조한 것일까?'라는 의문이 들었다. 그런데 시간이 지나면서 많은 사람과 일을 하다 보니 차츰 알게 되었다. 우리에게도 일체유심조一切唯心造라는 말이 있잖은가. 생각하는 모든 것은 마음먹기에 달려 있고, 마음을 먹고 생각을 바꾸면 행동은 자연스럽게 바뀌어가는 것이다. 마음태도이 행동경험과 지식을 이끄는 엔진인 셈이다. 그러므로 프로가 된다는 것은 주인의식으로 무장하는 것이 먼저다.

그런데 의외로 도시락 가방 들고 시계추처럼 열심히 왔다 갔다 하는 직장인이 많다. 상사가 업무 지시를 하거나 코칭할 때 앞에서는 "잘 알았습니다." "잘하겠습니다."라고 대답은 잘하는데 똑같은 실수를 반복한다. 당연히 부진한 성과가 바뀔 리 없다. 한편 이런 사람들은 자신의 개인 일은 집요하게 챙긴다. 남이 볼 때만 일하고 눈치를 보는 노예근성을 가진 사람들은 조직에 도움을 주는 것이 아니라 피해를 준다. 더 심각한 것은 자신에게 유리할 때는 열심히 하는 척하지만, 자신에게 불리한 상황이 오면 상대를 곧바로 공격한다. 회사 업무는 내 것이 아니라고 생각하기 때문에 집중하지 않고 성장하지 않는 것이다. 즉 주인의식이 없는 것이다.

반면에 주인의식이 있는 사람은 어느 장소에서 근무하든, 어떤 업무를 맡겨도 시간이 좀 걸리긴 하지만 생각하고 고민하여 성과를 만들어낸다. 일하는 목적을 분명히 알고 있고 최종 아웃풋^{Output}을 창출하기 위한 절실한 마음으로 계획부터 진행까지 수없이 고민하고 생각해서 자신만의 프로세스를 밟아 기어이 결과를 창출한다. 이들이 일하는 모습은 아름답기까지 하다. 이들을 나는 프로라고 부른다. 역시 프로는 아름다운 법이다. 다시 말하면 주인의식으로 무장한 프로는 자신보다 조직을 먼저 사랑하고 그가 속한 조직을 발전시키겠다는 마음^{태도}으로 생각하고 행동하는 사람인 것이다.

봉급쟁이의 하루 해는 길다. 하지만 주인의 한 달은 봉급쟁이의 하루보다도 짧다. 주어진 대로, 시키는 대로, 받는 만큼 일하는 그들에게 내일은 없다. 그러나 주인은 1년이 지척이고 2년 후는 내일이고, 3년 후는 계획이다. 나는 이런 것이 바로 주인의식이고 프로의식이라고 생각한다. 진정한 주인의식과 직업의식으로 무장하면 그것은 나만의 것으로만 남는 게 아니라 다른 사람에게 전이되어 모든 사람이 깨닫는다.

주인의식으로 무장한 직원이 많은 회사가 성장한다. 당연한 말이지만 직원 각 개인의 경쟁력이 향상되지 않고서는 회사의 경쟁력이 향상될 수 없다. 내가 그동안 경영진들을 교육하면서 본 성공하는 사람들이 가진 공통점 중 하나는 투철한 주인의식이었다.

주인의식 향상의 시작

새 사업부에 와서 보니 많은 설계사가 열정적으로 영업에 임하고 있었다. 그런데 지나친 경쟁으로 불필요한 에너지를 소모하며 스트레스를 많이 받고 있었다. 물론 영업 현장에는 늘 경쟁이 있기 마련이다. 사업부 간 경쟁, 지역단 간 경쟁, 지점별 경쟁, 설계사 간 경쟁 등 적절한 경쟁은 오히려 프로들에게는 자극제가 되기도 한다. 사업부장으로서 이러한 실정에 내가 해야 할 일에 주목하고 경쟁을 조직 차원으로 접근하여 개인에게 주인의식을 고양하는 것으로 일의 의미를 찾게 하고 조직의 성과를 향상시켜야겠다고 생각했다.

뉴욕대학교 링겔만Ringelmann 교수는 주인의식이 성과에 미치는 영향과 관련하여 의미 있는 실험을 진행했고 재미있는 결과를 얻어냈다. 이른바 '링겔만 효과Ringelmann effect'인데, 링겔만 효과란 집단 속에서 참여하는 사람의 수가 늘어날수록 성공에 대한 공헌도는 오히려 떨어지는 현상을 말한다. 예를 들어, 한 명씩 줄다리기했을 때 힘을 100% 사용했다고 가정하면 두 명이 했을 때는 200%의 힘이 발휘되어야 맞지만, 실제로 측정해보니 두 사람의 쓴 힘의 합은 93%밖에 되지 않았다. 세 명일 때는 85%로 줄어들고, 여덟 명일 때는 49%의 힘만이 작용되었다. 사람이 늘어날수록 힘껏 줄을 당기기보다 다른 사람의 힘에 슬그머니 얹혀가려는 무임승차 의식이 발동한 것이다. 이는 일반 조직에서 흔히 볼 수 있는 현상이다. 많은 인원을 투입한다고 해서 투입한 인원만큼의 효과를 얻을 수 있는 것이 아님을 증명한 실험이었다. 그러므로 사람이 많다고 좋은 조직, 훌륭한 조직이 되는 것은 아니다. 무임승차만의 문제가 아니라 오히려 많은 사공으로 인해 배는 산으로 향할 수도 있다. 그래서 많은 인원을 투입하는 것보다 더 중요한 것은 자기 일과 자신의 인생에 주인으로 살아가는 사람들로 변화시키고 그렇게 주인의식이 있는 사람들을 적재적소에 배치해 개인과 조직 모두의 성과를 향상시켜야 한다.

그래서 가장 먼저 전 지점을 돌아다니면서 설계사들에게 주인의식을 설파했다. 보통 2년을 주기로 한 조직의 사업부장도 떠나고, 지역단장도 떠나고, 지점장도 떠나고, 총무도 떠난다. 나는 강의 중에 "떠나지 않고 계속해서 지점을 지키고 남아 있는 사람은 누구인가요?"라고 물었다. 그랬더니 설계사들이 한참을 고민하다가 "우리, 설계사입니다."라는 답변을 힘없이 하는 것이었다. 지금까지 영업관리자들이 제시하는 목표 중심으로 수동적이고 피동적인 영업 관리를 받다 보니, 설계사 본인들이 주인이 아니라 지점장, 지역단장을 주인으로 생각한 것이다. "당신들이 주인이다. 여러분들이 건강만 허락하면 평생 떠나지 않고 지점을 지키는 주인들이다."라고 힘주어 강조했다. 그리고 주인의식에 대해 쉽게 비유로 설명해주었다. "자기 집 거실에 휴짓조각이 널브러져 있으면 줍지 않느냐. 그건 주인이기 때문이다. 그러면 사무실 바닥에 널브러져 있는 휴지를 줍는 사람과 줍지 않는 사람이 있다. 이 가운데 누가 주인인가?"

하루에 8시간 이상 생활하는 사무실은 평생직장으로 출퇴근하는 공간이다. 평생 주인으로 생활해야 할 곳에 휴지가 있다면 당연히 주워야 한다. 함께 일하는 동료와 힘을 합쳐서 지점의 문화와 역사를 만들어갈 책임이 있다. 손님은 잠깐 왔다가 가면 그만이지만 주인은 손님이 오면 집을 깨끗이 한 다음 맞이하고 손님이 가면 문밖까지 배웅하고 손님이 남기고 간 자리를 정돈한다. 마찬가지로 지점의 주인인 여러분이 주인으로서 생각하고 행동할 때 진정한 주인이 되는 것이다. 뿐만 아니라, 주인의식을 가진 사람에게 동료는 경쟁자가 아니라 평생 동지로 가족과 같다. 그러므로 서로 배려하고 섬기면서 살아야 한다. 자신이 주인인 지점에 후배가 들어오면 식사 한 끼 하면서 그동안 자신이 힘들었던 것을 어떻게 참고 극복했는지 영업의 작은 노하우 및 고객 상담 요령들을 알려주는 것이 가족들이 나눌 수 있는 사랑이다. 그리고 사업부 내에서 주인의식으로 살아가는 분들의 사례를 이야기해주면 공감의 폭이 넓어진다.

80대 중반인 남자 설계사 ○○씨는 중견기업 임원까지 하다가 보험영업에 뛰어들어 25년째 유지 중이다. 그는 아침에 눈을 뜨면 출근할 직장이 있고, 매일 새로운 정보를 듣고 학습할 수 있어서 감사하고, 특히 동료들과 차 한잔 마시고 함께 식사한다는 자체가 즐거운 일이어서 매일매일 행복하다고 한다. 동년배 친구들은 대부분 경제활동을 하지 않고 집에 있다 보니 술을 마시거나 아내 눈치나 보며 살고 있는데, 많은 돈은 아니어도 영업으로 받은 수수료로 손자들 옷도 사주고 친구들과 대포 한 잔 나눌 수 있어 주변의 부러움을 사고 있다고 한다. 그래서 그는 본인 건강이 허락하는 한 보험영업을 계속하겠다고 한다. 그런 그는 매일 제일 먼저 출근해서 사무실 불을 켜고 화장실 청소를 한다. 어쩌면 그가 진정한 히든Hidden 영웅으로 주인의식을 실천하는 사람이다.

사실 고성과를 내는 스타 설계사는 몇 사람이 되지 않는다. 이 사람들의 성공 이야기는 설계사 대부분과는 거리가 멀다. 그래서 나는 철저히 평범한 일반 설계사들이 열심히 살아가는 모습, 그리고 그들이 지점에서 실천하고 있는 살아 있는 이야기를 모아서 전파하려고 노력했다. 특별한 행사가 있을 때도 이런 설계사들의 영상을 만들어 공유했다. 그러면 놀라운 현상이 나타난다. 화려한 성과의 남 얘기가 아니라 우리가 살아온 땀 냄새 나는 가슴 저민 이야기가 전달되는 것이다. 그의 이야기는 나의 이야기이고 그의 스토리는 나의 스토리가 된다. 그 주인공이 나일 수도 있고 나와 함께 일하는 동료일 수도 있다. 그러면 자신과 동료의 이야기를 만들기 위해 함께 눈물을 흘리며 마음을 열어간다. 이것은 정말 중요한 포인트다. 물론 스타 설계사는 큰 자산이다. 그러나 한두 사람이 사업부를 대신할 수 없다. 보통의 평범한 설계사들이 힘을 키우고 그들이 주인이 될 때 얼마나 놀라운 변화가 일어났는지를 나는 경험했다.

나는 매일 매일 이렇게 주인의식을 강조하며 전 지점을 돌았다. 따라서 리더로서 주인의식과 책임감을 키울 수 있는 14가지 책임감 프로젝트를 소개하고자 한다.

❶ **인정** 상황을 인정하라 Acknowledge the situation.

❷ **용기** 어려움에 용감하게 맞서라 Courageously face difficulties.

❸ **대화** 긍정적인 말을 해라 Communicate with positive language.

❹ **내탓** 문제도 해답도 다 내게 있다 Own the problem and the solution.

❺ **이해** 다른 사람들의 시각을 이해하라 Understand other's viewpoints.

❻ **협상** 윈-윈 전략을 찾아라 Negotiate Solutions that work for everyone.

❼ **책임** 새로운 책임을 기꺼이 떠맡아라 Take on new responsibilities.

❽ **실천** 수동적인 모습을 벗어나서, 행동 실행, 실천 Act, don't simply react.

❾ **유연한 대처** 재평가와 재협상에 유연하게 대처하라 Be willing to reassess and renegotiate.

❿ **긍정적 영향** 긍정적인 영향을 주고 협력하라 Influence others and collaborate.

⓫ **무기력증 탈피** 책임 회피형 인간에서 책임지는 인간으로 거듭나라

Leave the 'poor me' victim mentality behind.

⓬ **주도적 태도** 깊이 생각하여 문제 해결을 주도하라 Initiate thoughtful and deliberate

problem solving.

⓭ **자부심** 자신이 한 일에 자부심을 가져라 Take pride in your results.

⓮ **'Yes' 마인드** 'Yes'라는 말이 성공으로 인도! Yes leads to success.

리더십 액션 가이드

- 조직이 요구하는 행동양식, 규칙, 규정 및 원칙을 리더 스스로 솔선수범하여 실천하라.
- 구성원들이 조직의 행동규범이나 문화적 규범을 준수하고 발전적인 방향으로 계승하도록 지원하라.
- 리더는 조직에 문제가 발생하면 앞장서서 솔선수범하여 문제를 해결하여 본을 보여라.
- 보이지 않는 곳에서 묵묵히 일하는 사람들을 발굴하여 칭찬하고 격려하라.
- 리더 스스로 자기혁신을 통한 바람직한 행동 양식을 지속적으로 보여줘라.
- 리더 스스로 의욕과 열정으로 무장하여 그것을 구성원들에게 전파하라.
- 리더는 자신의 리더십을 말이 아니라 행동으로 보여줌으로써 신뢰를 구축해 솔선수범하라.
- 리더는 구성원들과 격의 없이 소통하여 계층 간 조직의 벽이 없도록 노력하라.
- 리더 스스로 'Learning by Doing'을 실천하고 많은 것을 학습하여 구성원과 공유하라.
- 주인의식의 개념 및 실천항목을 정리하고 구성원들의 성공사례를 발굴하여 현장에 전파하고 공유하라.

3장

행동과 실천

열정은 몰입이다

"젊은이들은 열렬한 분위기 속에서 살아가게 해야 한다."

위대한 일치고 열정 없이 완성된 것은 하나도 없다. 열정은 하나의 마술적인 덕으로써 행동하도록 충동하고 실망과 낙심을 추방하며 게으름을 이겨낸다. 열정은 전염되는 것이다. 열정은 무엇인가에 정열을 느끼게 하고 진정으로 그에 몰두하게 하는 요인이다. 열정적으로 살기 위해서는 영혼과 육신 모두 지금 하는 일에 몰두해야 한다. 우리 존재 전체가 지금 여기에 있어야 한다. 어린이들은 본능적으로 그들의 현재에 몰두하고 있다. 자라나면서 그들은 훌륭한 재능을 잃어버린다. 이 점을 다시 교육시켜야 한다.

이는 플라톤의 말이다. 어린 시절을 떠올려 보면 우리에게도 열정이 끓었던 때가 있었다. 벼를 베어낸 마른 논에서 돼지 오줌보에 짚을 넣은 공을 차며 하루 종일 뛰어다녀도 지치지 않았고, 내가 만든 팽이가 다른 친구 팽이보다 잘 돌지 않으면 몇 날 며칠이 걸려도 기어이 더 좋은 팽이를 만들어 친구에게 도전하곤 했다. 중고등 학생 시절에도 이런 경험은 누구에게나 있다. 좋아하는 여학생의 마음을 얻기 위해 쫓아다닌 시간을 제외하더라도 밤새 썼다가 지운 편지만도 수백 통이었다.

어느 추운 겨울날 새벽 기도를 다녀오시면서 언 손을 비비며, 아침 식사를 위해 불을 때시던 어머니를 보고 마음을 다잡고 공부를 시작해 대학을 갈 수 있었던 것도 어머니의 열정이 있었기 때문이다.

얼마 전 나이가 든다는 게 무엇인지를 성찰한 칼럼 하나를 읽은 적이 있다. 칼럼은 '변화를 멈추고, 열정이 식은 상태를 늙은 것'이라는 서슬 퍼런 정의를 내렸다. 우리 스스로 삶을 이끌어갈 엔진이 멈춘 것을 말함이다. 시간 속에서 우리는 현재Present를 잃어버린다.

성공을 이끄는 강렬한 에너지

열정은 그 어떤 성공의 멘토보다도 강렬하다. 그것은 끊임없이 앞으로 나아가게 하는 순수한 에너지이자 격려와도 같다. 열정은 인생의 궁극적인 목적과 비전을 이루어 주는 엔진과 같다. 가고 싶은 목적지가 뚜렷하더라도 엔진에 시동을 걸어야 하는 곳까지 갈 수 있다. 영어를 모국어로 사용하지 않고 제2외국어로 사용하는 사람들에게 가장 아름다운 영어 단어는 무엇이냐고 물으니 'Mother엄마'라고 했고, 두 번째를 'Passion열정'이라고 했다. 그만큼 열정이라는 단어는 우리를 들뜨게 하고 주변에 전염시키는 특징을 갖고 있다. 성공한 사람들을 한마디로 표현하자면 '열정'이라고 생각한다. 말로만 그치지 않고 실제로 몸과 마음이 하나가 되어서 실행하고 고난과 역경이 있을 때마다 그 열정으로 극복한다. 혹 당신의 하루가 기쁘지 않다면 열정이 식었기 때문이다. 열정은 돈과 같은 재물에서 나오지 않는다. 열정은 절실하고 순수한 목적이 있을 때 스스로 에너지를 낸다. 그러므로 당신이 인생에서 원하는 것을 갖지 못했다면, 당신은 그만큼 절실하게 원하지 않았기 때문이다. 열정과 소망을 다해 백 퍼센트 전념하지 않았기 때문이다.

일에 대한 열정도 마찬가지다. 하루의 절반 이상을 보내는 직장에서 성공하기 위해 필요한 첫 번째는 단연코 업무 열정이다. 업무 열정의 힘은 대단하다. 업무 열정을 통해 우리는 우리가 하는 일에 가치를 느끼고, 끊임없이 새로운 일에 도전하며, 불가능할 것만 같았던 일들을 해낸다.

세계적인 경영학자인 톰 피터스Tom Peters는 "기업을 움직이는 것은 사람이고, 기업의 생명력은 개인의 열정으로부터 파생된 창조성과 상상력이다."라며 초우량 기업의 조건으로 조직 구성원의 열정을 꼽았다. 열정이 있는 사람들은 쉽게 포기하지 않으며 자신의 성취 목표를 이루는 데 매진한다. 죽을 각오로 덤비는 사람에게는 누구도 당해낼 수 없다. 목숨을 걸고 덤비기 때문에 두려울 것이 없다. 아무리 비전과 신념이 뚜렷하다고 해도 거기에 열정을 쏟지 않는다면 원하는 목표를 이룰 수 없다. 열정을 갖고 움직이는 조직이 성공한다. 열정적인 조직은 성공을 향해 나아가면서 직원들을 고무시키고 고객들을 감동시키며, 직원과 고객들이 보여주는 뜨거운 관심으로 혜택받는다. 열정이 중요한 이유는 바로 열정이 사람의 본질이기 때문이다. 다시 말해 열정은 사람의 정체성을 말해준다. 열정이 없으면 감정도 없고 변화도 없는 인형에 지나지 않는다. 열정은 기계적인 삶에 생동감을 불어넣어 준다. 열정은 자신이 어디서 왔는지를 설명해준다. 철학자 에드먼드 버크Edmund Burke는 "열정만큼 인간에게 가장 중요한 특성은 없다"라고 말했다. 사람들은 저마다 실현하고 싶은 잠재력을 가지고 있다. 열정이란 이 같은 잠재력이 겉으로 드러난 상태를 말한다. 열정은 잠재력을 해방시키는 열쇠인 것이다. 사람들 대부분은 세상의 발전을 위해 자신이 맡은 역할이 어떤 것인지 궁금할 것이다. 지금 하는 일이 어떤 일이든 간에, 자신이 할 수 있고, 해야만 하는 이상적인 일이 있을 것이라고 막연하게 생각한다. 따라서 열정적인 사람들이 많은 조직을 만들면 성과는 당연히 좋은 모습으로 온다고 믿는다.

열정을 품은 사람들

골프 명언 가운데 '짧아서 들어가는 퍼트는 없다'라는 말이 있다.

이 한마디에는 골퍼의 승부에 대한 집념과 집중력, 적극적인 도전 정신이 함축되어 있다. 나와 일한 경영진 대부분은 골프를 잘 친다. 그중 선배 경영진 한 분은 더 특별했다. 골프에 막 입문해 설레본 기억이 있는 사람이라면 알겠지만 한창 배우는 단계에서 골프는 온갖 감정을 느끼게 한다. 작은 공을 클럽이라는 도구를 사용해 일정한 거리에 있는 구멍에 넣는 단순한 게임으로, 상대와 경쟁하기는 하지만 다른 스포츠처럼 상대와 직접 부딪치는 게임이 아니고 오롯이 자신만의 힘으로 하는 게임인데도 마음대로 되지 않는다. 그래서 승부욕 있는 사람일수록 골프라는 스포츠에 매료되는데, 시간과 노력에 열정을 더하지 않으면 실력이 늘지 않아 애를 태운다. 특히 4인 1팀으로 다섯 시간이 넘는 시간을 함께 라운딩하기 때문에 비즈니스하는 사람들에게는 다른 사람보다 실력이 떨어져 뒤처지는 것은 치명적인 핸디캡이 된다. 그래서 바쁜 그들에게는 골프 입문 초기에 기초를 다져놓지 않으면 기회를 다시 만들기 어려운 경우가 많다. 그래서 그분은 큰맘 먹고 여름 휴가를 통째로 투자해 코치가 운영하는 특별 프로그램으로 해외 전지훈련까지 갔다고 한다. 그런데 하필 그때 집에 급한 일이 발생했다는 아내의 전화를 받게 된다. 하지만 그분은 자기에게 주어진 귀한 기회를 허비하고 싶지 않아 돌아오지 않고 골프 훈련에 몰입했다. 훈련 이후 아마추어의 꿈인 싱글을 쳤지만, 대신 사모님으로부터 몇 년이 지나도 서운한 말을 들어야 하는 대가를 치렀다고 한다. 그런데도 후회되지 않을 만큼 만족스럽다고 한다.

나도 이에 못지않게 한 가지에 꽂히면 끝을 보는 타입인데, 내가 골프에 푹 빠져 있던 당시 그분과 첫 라운딩을 하게 되었다. 내 성향을 알아본 그분은 앞으로 골프를 잘 칠 것 같으니 제대로 레슨을 받고 2년 안에 기초를 잘 다지라는 조언을 해주었다. 그 얘기를 듣고 나서 거의 매일 2시간 이상씩 골프 수업을 받으며 연습에 매진했다. 잠자리에 들면 천장이 푸른 잔디밭으로 변해 골프 치는 상상을 할 정도로 푹 빠져 있었다. 손에는 굳은살이 생기고, 어깨에 무리가 와서 침을 맞는데도 골프채를 놓지 않았다. 노력 끝에 싱글을 치게 되었는데 조금 더 노력해 골프 강사로 티칭 자격증까지 취득해야겠다는 욕심을 부려본 적도 있다. 주말이면 골프로 집을 비우는 날이 많으니 당연히 아내로부터 핀잔과 원망을 많이 받기도 했다.

내가 아는 삼성그룹 관계사 CEO는 아침마다 남산 한 바퀴를 걷고 출근한다. 주 업종이 시시각각 발생하는 사고를 처리하는 일이라 매일 살얼음판을 걷는 기분인데 글로벌 현장까지 관리해야 하는 비즈니스다 보니 밤새 다른 나라에서 일어나는 사고로 스트레스가 상상할 수 없을 정도라고 한다. 그래서 그는 매일 걸으면서 심신을 안정시키고 충전하여 새로운 아침을 연다고 했다.

모 그룹의 60대 사장은 하루도 빠짐없이 새벽 4시 30분이면 일어나 한 시간 동안 운동하고, 6시 50분에 출근해서 거의 모든 신문을 훑어본 다음 업무를 시작했다. 왜 그렇게 하느냐고 물어보면 새로운 아침의 신선함이 너무 좋다고 어린아이처럼 즐거워한다. 늘 맞이하는 아침이지만 어제와 다른 새로운 해가 떠오르는 아침에 오늘 하루를 어떻게 더 즐겁게 살아갈 것인지 상상하는 것만으로도 즐겁다고 했다.

내가 몇 년 전에 만난 74세 일본 료칸 사장은 천진난만한 사람으로는 아마 전 세계에서 따라올 사람이 없을 것이다. 74세면 손주 재롱을 보며 안락한 노후를 보내려는 게 보통인데 그는 자신이 가진 료칸을 세상에서 가장 좋은 료칸으로 만들고 싶어 공사를 시작했다고 자랑했다. 5년 전 당시에도 그 료칸은 하루에 30만 엔(한화 약 3백만 원)이 훌쩍 넘는 최고급이었는데 이제는 100만 엔짜리로 만들겠다는 포부를 실천하고 있었다. 전형적인 작은 일본인 체형으로 왜소해 보이지만 흰머리가 무색할 만큼 통통 튀는 아이디어와 새로운 일에 대한 뜨거운 열정을 품은 거인이었다.

이처럼 성공한 사람들에게 "성공의 비결은 무엇인가?"라고 물으면, 뭔가 대단한 비결이 있는 줄 기대하지만 '목표를 달성하기 위한 열정과 노력'이라는 의외로 단순한 대답이 돌아온다. 인생을 살아가면서 어떠한 어려움을 만나도 멈추거나 피하지 않고 그 목표를 향해 나아갈 수 있는 원동력이 바로 열정Passion인 것이다.

내가 30년 동안 사회생활을 하면서 성공했다고 생각하는 사람 중에 열정이 없는 사람은 본 적이 없다. 열정이라는 것은 남에게 보이는 것이 아니라 자기 스스로 타오르는 것이 핵심이다. 그렇다. 열정은 힘든 상황에서 에너지를 주고 또 달려갈 수 있게 하는 자발적 에너지 공급원이다.

열정적인 사람은 자신의 처지와 상관없이 항상 자신감이 넘친다. 무엇을 하든지 주눅 들지 않는다. 또한 결과에 상관없이 늘 열중하는 마음으로 최선을 다한다. 또한 주도적이고 적극적이다. 무엇을 해야 하는지 알고 있기 때문에 집중력도 강하다. 그래서 열정적인 사람은 자신이 원하는 목표를 반드시 성취하는 것이다.

열정이 이끄는 대로 살아가면서 엄청난 보상을 받은 사람들은 모두 자신의 삶에 열정을 불어넣기로 마음먹고 노력했기 때문에 성공한다. 환경이나 상황은 누구에게나 똑같은 무게로 다가온다. 그런데 삶에 열정을 불어넣으면 새로운 기회를 만들 수 있을 뿐만 아니라 변화를 이끌어낼 수도 있다. 마음의 결정에 따라 결과가 나오는 법이기 때문이다.

리더의 액션

눈높이에 맞춘 동기부여

사업부 영업관리자들에게 아쉬운 2%가 느껴졌다. 그래서 그들을 면담해보니 그들은 의외로 '인정'에 목말라 있었다. 영업 성과가 안 좋으면 스스로 죄인처럼 생각하면서 잠을 자다가도 실적 숫자가 떠오르는 등 많은 스트레스로 의기소침해져 있었다. 실적 부진으로 고충을 겪고 있는 그들의 아픔과 힘듦은 충분히 이해한다. 그런데 성과를 내는 영업관리자들은 뭔가 다르긴 달랐다. 목표를 위해서 집요하게 노력하고 포기하지 않는 열정을 가지고 있었다. 남들보다 일찍 출근해 정보미팅과 면담 준비를 하고, 주말에는 고객을 만나거나 동료 설계사들과 운동을 통해 우의를 다지며 팀워크를 다진다. 상품 지식 및 판매 화법도 지속적으로 개발해서 스스로 학습한다. 누가 시켜서가 아니라 본인의 목표와 비전을 가지고 실천하는 것이다. 그들의 차이는 능력의 차이, 가치관의 차이를 떠나 열정의 온도 차이라는 것을 깨달았다.

그래서 나는 첫 번째로 부진한 영업관리자들에게 그 열정의 차이를 인정하고 더 나은 성과를 위해 하나하나 재정비할 필요가 있음을 전했다. 나를 포함해 모든 사람은 자신이 하는 업에 얼마나 오랫동안 있었는지를 자랑하고 싶어 한다. 마치 오래 있었으면 전문가라도 되는 것처럼. 하지만 실상은 오래 근무했다고 모두 전문가가 되는 것은 아니다. 오랫동안 보험에 종사했다고 해서 상품과 판매 지식을 더 많이 알고 있을까? 많이 알고 있다면 '안다'는 정도는 과연 어떤 수준일까? 우리가 거리에서 누군가를 붙잡고 "너 짜장면 알아?"라고 물었을 때 "모른다"라고 답할 사람이 있을까? 한발 더 나아가 "너 어느 정도 알아"라고 물었을 때 "수십 년간 몇백 번도 넘게 먹었는데 그걸 몰라?"라고 할 것이다. 그럼 "짜장면을 만들 줄은 알아?"라고 하면 대부분 "아니"라고 할 것이다. 이처럼 '안다'라는 개념과 수준은 단계가 있다. 교육의 필요성은 바로 여기에 있다. 자신이 안다는 단계와 실질적으로 아는 단계를 일치시켜 정말 '아는 것'으로 공유할 때 비로소 조직적 가치에서 '안다'의 개념이 정립되는 것이다. 나는 이를 위해 기업교육의 선배가 만들어준 '안다'의 10단계를 함께 설파했다.

'안다'의 10단계

1단계 무슨 얘기를 들은 적이 있다.

2단계 여러 번 들었다.

3단계 들은 이야기를 대충 말할 수 있다.

4단계 들은 내용을 체계적으로 설명할 수 있다.

5단계 들은 얘기를 할 수 있다.

6단계 그것을 늘 하고 산다(습관, 완전히 습득).

7단계 그 내용을 다른 사람에게 시켜서 할 수 있다(선수와 코치 사이).

8단계 다른 사람에게 논리와 철학을 가지고 가르칠 수 있다.

9단계 남이 한 것을 평가할 수 있다.

10단계 들은 내용 중에서 내가 뭘 모르는지 아는 단계(소크라테스의
'너 자신을 알라'라는 말처럼)

이 내용을 함께 공감하면 각자는 자신의 현 위치를 알 수가 있다.

두 번째로 '열심히'라는 단어가 구체적으로 어떻게 성과와 연계되는지를 학습하고 공유할 필요가 있었다. 모든 사람은 자신은 열심히 일한다고 생각한다. 누구라도 붙잡고 "너 열심히 하지 않지?"라고 하면 백이면 백 모두 화를 낼 것이다. 왜냐면 정말로 모든 사람은 열심히 일하고 있다고 생각하기 때문이다. 그 '열심히'라는 행위가 저마다 다르고 객관적인 수량이 없으므로 각자는 자기 상황과 위치에서 최선을 다한다고 착각하고 있다. 성과를 내는 영업관리자와 그렇지 못한 영업관리자는 분명 차이가 있는데도 본인들은 정말 열심히 일한다

고 생각하는 것에 대해 구체적으로 이해시킬 필요가 있었다. 그래서 고민하다가 후배들과 함께 '열심히 한다' 10단계를 만들어 '열심히 한다'의 수준을 같이 공감하는 기회를 가졌다.

'열심히 한다'의 10단계

1단계 기존의 방식으로 성실히 업무를 수행한다.

2단계 주어진 시간에 몰입하여 업무를 수행한다.

3단계 업무를 독자적으로 과오 없이 수행한다.

4단계 기존의 방식에 개선점을 더해서 수행한다.

5단계 다양한 채널을 통해 정보를 취합하여 업무를 수행한다.

6단계 조직의 성과에 직접 기여하도록 업무를 수행한다.

7단계 동료와 후배를 업무에 몰입시켜 동반 성장한다.

8단계 업무 성과를 확대하기 위해 일의 파이를 키운다.

9단계 일의 과정, 결과, 영향들을 종합하여 새로운 가치를 창조한다.

10단계 새로운 업무 방법 및 성과 창출 성공사례를 만들어 전파하고 교육할 수 있다.

후배들과의 눈높이를 상향 조준해서 이야기하고 업무 및 영업 피드백을 하다 보니 후배들도 도전의식을 갖게 되고 커뮤니케이션할 때도 편하게 되었다. 그리고 성장하고 발전한 후배들에게 전폭적인 칭찬과 보상을 함께 해주었다. 그러다 보니 힘들었던 후배들도 성장하게 되고 한번 해보겠다는 의지를 불태우기도 했다.

무엇이 그들을 움직이는가

현장에서 고소득을 이루어낸 설계사들을 보면 열정 그 자체다. 열정을 갖게 하는 동인이 가족일 수도 있고 경제적인 부족함 그리고 성취감에 대한 도전 등이 될 수도 있을 것이다. 그들의 일상을 보면 새벽에 일어나 기도하고 아침 운동도 빼놓지 않으며, 가족 식사까지 챙긴 다음 일찍 출근해서 당일 만날 고객들을 분석하고, 시간 사용 계획을 세우고, 고객을 만나 설득할 화법을 연구한다. 누가 시켜서 하는 것이 아니라 스스로 그렇게 열심히 산다. 퇴근하고서도 시간을 헛되게 쓰지 않고 건강과 취미 생활 등 자기 발전을 위해 사용하고, 심지어 자식 교육도 열정적으로 잘 시켜서 부러움을 사기도 한다. 자신, 가족, 일, 사람 관계, 취미 활동 등 다방면에서 열정적으로 노력하여 지속 성장하고 성과를 내는 모습을 보았다. 내가 그들에게 해줄 수 있는 일은 그저 그들의 열정을 구체적으로 칭찬해주고 인정하는 것이다. 그러면 그들의 열정은 더욱 커졌다.

"매일 일찍 나오셔서 사무실 청소하시고 공부하신다면서요. 대단합니다."

"○○○님 아침마다 새벽 기도 갔다 오시고 남편분 식사 다 챙기시고 운동하시고 정말 열심히 사시네요. 그런 모습 보면 자녀들도 잘 성장했을 것입니다."라고 하면 "사업부장님 그걸 어떻게 아셨어요."라며 겸손하게 자녀들 자랑을 하고는 표정이 활짝 펴진다. 그 후로는 더욱 열정적으로 회사 일을 챙긴다. 그런 분들에게 현장 리더로서의 직책을 주고 그들의 열정이 다른 설계사들에게도 감염되도록 했다. 그들에게서 감염된 열정은 마치 살아 있는 생선처럼 펄떡이며 그 지점을 살아나게 했다. 세상에 '비밀이 없고, 영원한 것이 없고, 공짜가 없다'의 3무無라는 말이 있다. 그중에 나는 '공짜가 없다'는 말을 가슴에 새기고 산다. 세상에 눈물 없이, 고통 없이, 노력 없이 만들어지는 결과가 있겠는가? 지금은 고성과 설계사로 우뚝 선 그들이지만 처음부터 그들에게 영광만 있었겠는가? 그들의 영광은 바로 열정이 있었기 때문이라고 단언한다.

영업 경험도 전무한 나에게 사업부장으로 발령을 내면서 해준 당시 사장님의 "임 상무는 특별한 열정이 있어서 잘할 거야."라는 말은 내 인생 최고의 극찬이었다. 그 한마디에 힘을 얻은 나는 모든 지점을 열정으로 방문하고 소통했다. 그 지점의 열정적으로 활동하는 설계사들을 발굴해 공식 석상에서 시상도 하고 인정했고, 그러면 그들이 동료나 후배들에게까지도 자신의 노하우나 필살기를 공유하도록 챙겨가기 시작한다. 열정은 안 되는 것을 되게 만드는 마술 같은 힘이 있는 것 같다. 그렇게 함께 노력하자 우리 사업부는 몰라보게 달라지기 시작했다. 열정의 크기는 무한대다. 열정만큼 성과도 무한대로 올라오기 시작했다.

리더십 액션 가이드

- 구성원들이 조직의 비전 속에서 자신의 비전을 만들도록 지원하라.
- 구성원들이 자신의 업무에 보람과 긍지를 느끼도록 노력하라.
- 구성원들이 즐겁게 일할 방법을 찾아서 전파하라.
- 리더 스스로가 주어진 업무는 철저하게 마무리하려고 노력하라.
- 리더 스스로가 모든 면에서 솔선수범하는 자세를 견지하라.
- 리더 스스로가 자신의 모든 분야에서 최고 수준이 되려고 노력하라.
- 구성원들이 업무 현장에서 끊임없이 개선 아이디어를 제안하도록
  격려하고 지원하라.
- 리더 스스로 자신의 열정을 주기적으로 점검하고 재충전하라.
- 리더 본인의 열정을 구성원들과 공유하려고 노력하라.

4장

자기관리

성공을 결정짓는 기본 요소

'하늘은 스스로 돕는 자를 돕는다'라는 속담이 있다. 그런가 하면 옛 현인들이 말하길 '인생에 세 번의 기회가 온다'라고 한다. 이 말인 즉슨 아무리 좋은 기회가 온다고 해도 준비가 되어 있지 않으면 기회 는 우리가 알지도 못하는 사이에 휙 하고 지나가 버린다는 뜻일 것이 다. 그래서 무엇이든 계획하고, 실행하고, 피드백하는 것을 생활화한 사람만이 기회를 자기 것으로 만들 수 있다. 이것을 준비경영, 즉 자 기관리Self Management라고 한다. 이처럼 자기관리는 인생의 목표를 달성하 기 위해 스스로 관리하는 것으로서 삶의 기본인 동시에 행동 및 습관 등을 결정짓는 요소다.

공자는 가정을 바로 세우고 천하를 다스리려면 가장 먼저 자신의 몸과 마음을 바르게 닦아야 한다고 했다. 즉 자기 스스로 먼저 다스리고 올바른 인격을 갖춰야 다른 사람을 이끄는 리더가 될 수 있다는 뜻이다. 그러기 위해서는 먼저 자신을 아는 것이 필요하다. 자신의 말과 행동에 대해 여러 측면에서 관찰하고 객관적으로 평가할 수 있어야 한다. 자신의 능력과 한계 그리고 장단점을 제대로 알면, 인생의 목표를 세울 수 있고, 그 목표를 이루기 위해 어떤 것들을 개발해야 하는지 알 수 있게 된다. 그러므로 자기관리란 자신을 알고 다스리는 일이 먼저라 하겠다.

세계적으로 성공한 리더들은 자기관리에 철저한 실천을 보여주고 있다. 미국 건국의 아버지로 불리는 벤저민 프랭크린^{Benjamin Franklin}의 자기관리 13계명은 평소 내가 본받으려고 하는 내용들이다.

벤저민 프랭크린의 자기관리 13계명

❶ **절제** 배부르도록 먹지 마라. 취하도록 마시지 마라. 폭음과 폭식을 삼간다.

❷ **침묵** 서로에게 유익하지 않은 말을 하지 마라. 쓸데없는 말은 하지 않는다.

❸ **질서** 모든 물건은 제자리에 두어라. 일은 모두 때를 정해서 하라.

❹ **결단** 해야 할 일은 과감하게 결심하라. 결심한 일은 반드시 실행하라.

❺ **절약** 서로에게 이익이 없는 일에는 돈을 쓰지 마라. 근검절약하라.

❻ **근면** 시간을 낭비하지 마라. 유익한 일을 모색하고 쓸데없는 행위는 끊어버려라.

❼ **성실** 사람을 속여 해치지 마라. 모든 언행은 공정하게 하라.

❽ **정의** 남에게 해를 주지 않으며, 해로운 일을 해서도 안 된다.

❾ **중용** 생활의 균형을 지키고 화내지 않으며, 관용을 베푼다.

❿ **청결** 몸과 의복, 주변을 불결하게 하지 않는다.

⓫ **평정** 하찮은 일, 피하고 싶은 일이 생겨도 평정을 잃지 않는다.

⓬ **순결** 타인의 신뢰와 자존심에 상처를 입히는 데 행동은 피한다.

⓭ **겸손** 타인에게 겸손함을 나타내어 그에게 본이 되도록 한다.

자기관리에는 여러 가지 요소가 있겠지만 시간 관리와 건강관리가 중요하다.

하루 24시간이 모두 자기 시간이지만 유익한 시간은 얼마 되지 않는다. 80세가 된 사람이 자신의 인생을 돌이켜보니, 실제로 일한 시간은 21년밖에 되지 않았다고 한다. 나머지 시간은 잠자는 데 26년, 밥 먹는 데 6년, 사람을 기다리는 데 6년 등을 소비했다는 통계가 있다. 그러므로 쓸데없는 일에 시간을 낭비해서는 안 된다. 사회가 고령화 시대로 가고 있기 때문에 100세까지 인생 계획을 세운다면 직장생활에도 굉장히 도움이 될 것이다. 특히 인생을 3~5년 단위로 쪼개 어떻게 살아야 하는지 계획을 세워보면 큰 도움이 된다. 나도 30대 중반부터 인생 스케줄을 만들어 살고 있는데 갑작스러운 상황 변동이 생겨도 대처가 가능하다. 계획을 세우는 것과 안 세우는 것은 굉장한 차이가 있다. 계획을 세우면 자신도 모르게 그쪽에 관심을 가지고 준비를 하게 되어 있다. 준비가 되면 기회가 왔을 때 잡을 수 있게 되는 것이다. 따라서 반드시 준비해놓아야 기회를 잡을 수 있다.

일과 개인 생활을 보는 관점

개인은 조직을 통해 자신의 비전을 달성할 기회를 마련할 수 있으며, 조직은 이런 개개인의 활동을 통해 조직의 목표를 달성할 수 있다. 그러므로 직장인의 자기관리는 개인의 성장을 넘어서 조직 발전의 원동력이라 하겠다. 요즘 휴테크가 유행이다. 업무시간 외에 자기관리를 어떻게 하느냐에 따라 일류 프로로 가느냐가 달려 있다.

먼저 일과 개인 생활의 관점에 대해 정리해보면 다음과 같다.

첫째, 분할적 관점이다. 일과 생활이 서로 연결되지 않도록 할 수 있다는 관점이다, 이 관점에서의 관리 중점은 어떻게 직무와 가정의 경계선을 유지하느냐에 따라 주어진다. 과거와 같이 직장과 가정에서 수행하는 업무와 역할이 자연적으로 구분된다면 이 관점의 적용이 보다 용이해진다. 그러나 가정이 바로 서야 회사의 성과도 향상된다는 공감대가 확산되는 현 시점에 이러한 관점의 활용도는 점점 낮아지고 있다.

두 번째, 보상적 관점이다. 일과 생활 중 잠재적으로 만족을 느끼는 쪽에 자신의 몰입도를 높이고 이를 통해 다른 쪽에서의 불만족을 상쇄시켜 총 만족도를 높일 수 있다고 보는 것이다. GE의 CEO 이멜트Jeffrey Immelt는 25년 이상을 일주일에 100시간씩 일해왔다고 한다. 일주일에 100시간이라는 수치는 월요일에서 일요일까지 매일 아침 8시부터 저녁 10시까지 일한다 해도 2시간이 부족한 시간이다. 보상적 관점에서 보면 이멜트는 일 쪽에 시간을 집중적으로 할당함으로써 가치 있는 보상을 창출하였고 이를 통해 자신의 총제적인 만족도를 높였다고 할 수 있다. 이런 관점은 철저하게 보상이 직접 이루어지는 체제에서 가능하고 워라벨을 지향하는 현 세대에게는 무리가 있다.

셋째, 파급적 관점이다. 한 영역에서의 태도와 행동이 다른 영역에서의 태도와 행동 형성에 영향을 미친다고 보는 것이다. 최근의 연구를 보면 업무 상황에서 발생한 심리적 반응은 가정에서의 심리적 반응에 영향을 미치는 것으로 나타나고 있다. 마찬가지로 가족생활 역시 업무 수행에 다양한 영향을 준다는 결과를 보여주고 있다. 파급적 관점에서 보면 직장에서의 일과 가정에서의 생활이 균형을 가져야 한다는 것이다. 어느 한쪽에서 발생하는 불만족은 다른 영역에도 나쁜 영향을 미쳐 전체적인 성과와 만족도를 저하시킬 수 있다. '낮과 밤 즉 일과 생활'은 분리되어 있는 것이 아니고 상호 간에 긴밀한 관계를 형성하여 상호 영향을 주는 것이라고 생각한다. 밤에 제대로 충전하지 못하면 다음 날 업무 시간에 많은 영향을 미치는 것이 당연한 것이 비근한 예가 될 것이다. 특히, 90년대 이후 태어난 새로운 후배들에게는 이러한 관점을 가지고 리더십을 발휘해야 더욱 효과적이다.

부자들이 아침을 다루는 법

성공한 사람들은 새벽을 깨운다는 것을 알았다. 아침형 자기관리의 고수들로는 4시 30분에 기상하는 제너럴 모터스 CEO 대니얼 애커슨$^{Daniel Akerson}$, 로버트 아이거$^{Robert Iger}$ 월트 디즈니 회장, 하워드 슐츠^{Howard} ^{Schultz} 스타벅스 회장을 꼽을 수 있다. 특히, 애플의 최고경영자 팀 쿡^{Tim} ^{Cook}은 저녁 9시에 취침하여 새벽 3시 30분에 일어나 애플 워치의 전원을 켜는 것으로 하루를 시작한다. 메일 확인을 마치면 5시부터 운동을 시작하고 6시 30분에 사무실로 출근하는데 그의 일상에서 주목할 점은 바로 아침형 인간을 유지하기 위한 건강관리 노하우다. 그는 아침 식사 식단 관리에 신경을 쓴다고 한다. 기름기와 설탕이 적게 든 음식을 먹는다. 나머지 식단은 상식적이다. 일정한 시간에 먹고, 과식하지 않고, 기름기가 적은 음식을 즐긴다. 운동도 특별한 것을 하지는 않는다. 다만 하루의 관문을 여는 것처럼 이 루틴을 매일 빠지지 않고 꾸준히 한다. 그는 임원회의 때마다 체력의 중요성을 강조하는 것으로 유명하다. 건강이 뒷받침되지 않으면 할 수 있는 일이 아무것도 없다. 건강이란 한 번 무너지면 원래의 상태로 돌이키기 어려운 것이다. 그래서 반드시 꾸준한 건강관리를 해야 한다. 강인한 체력 없이는 어떤 일도 이룰 수 없다는 것을 명심해야 한다.

나 역시 임원이 되고 나서 가장 먼저 느꼈던 것이 결국 체력이 실력이라는 점이다. 지금도 아침 4시면 일어나 남산을 오른다. 그 시간부터 마라톤을 뛰는 사람, 빨리 걷는 사람 등 매일 시간대별로 만나는 특별한 사람들이 생겼다.

남산은 자전거나 차량이 다니지 않는 산책 전용 도로가 있고, 도로 중앙에는 시각장애인들을 위해 표식물들이 잘 설치되어 있다. 새벽 4시 반쯤이면 그 표식물을 따라서 열심히 달리는 시각장애우 한 분이 그런 사람이다. 그는 달리면서 마치 보이기라도 하는 양 큰 목소리로 "안녕하세요?"라고 사람들에게 인사를 건넨다. 그의 활기차고 명랑한 아침 인사에 상쾌한 에너지를 얻는다.

5시 30분쯤 배낭을 메고 복식 호흡을 하면서 천천히 걷기 운동을 하는 90대 할아버지를 만난다. 그는 남산에서 이미 인기 스타다. 항상 빙그레 웃으면서 걷는 그에게 지나가는 사람들이 "안녕하세요?", "건강하세요."라고 인사를 건네며 그 나이에도 건강을 유지하고 있는 그를 부러워한다. 그 밖에도 늘 같은 시간에 뛰는 외국인, 빠른 걸음으로 손을 꼭 잡고 함께 운동하는 신혼부부, 반려견과 함께 아침 산책을 하는 사람들로 아침 남산은 나에게 열정과 힐링과 새로운 활력을 준다.

그렇다. 아침은 중요한 자기관리 시간이다. 일찍 일어나면 운동을 하거나 공부를 할 수도 있다. 교통 체증에 시달리지 않고 일찍 출근해서도 마찬가지로 업무 준비와 업무 관련 공부도 할 수 있다. 이렇게 일찍 출근해 오늘 할 일을 챙기고 고민한 사람과 늦게 일어나 허둥지둥 출근한 사람과는 시작부터 많은 차이가 날 수밖에 없는 것이다.

토막잠으로 자기관리를 유지하는 달인들도 있다. 내가 알고 있는 몇몇 사장들은 도대체 언제 잠을 잘까 싶을 정도로 살인적인 스케줄을 감당한다. 그래서 그들이 건강관리를 어떻게 하는지 궁금해 물어보았다. 모 부회장은 점심 식사 후 반드시 30분 정도 낮잠을 잔다고 한다. 토막잠으로 수면부족과 체력을 보충하고 나면 오후 업무 시간에 집중도가 훨씬 높아진다고 한다. 하버드대학 심리학과 새라 매드

닉Sara Madnick 연구팀은 2003년 과학저널 「네이처 뉴로사이언스」를 통해 낮잠에 관한 논문을 게재했다. 낮잠을 자는 그룹과 자지 않는 그룹을 비교 연구해본 결과 낮잠을 자는 그룹이 그렇지 않은 그룹보다 좋은 학습 능력과 기억력을 보여주었다는 것이다. 연구 결과는 1시간 정도의 짧은 낮잠이 밤새 자는 잠만큼이나 정신 지각 활동에 유익하다고 밝혀주었다.

주말을 경영하라

시간관리를 위한 팁으로는 먼저 양적 목표를 정해야 한다. 외국어 공부가 목적이라면, 필요한 기본 시간이 있다. 아무리 머리가 좋아도 최소한의 시간이라는 것이 필요하다는 것을 아는 것이 중요하다. 영어를 기초부터 제대로 하려면 한 3~4천 시간은 필요하고, 중국어는 더 어려우니까 최소 5천 시간은 필요할 것이다. 그런데 이때 양적인 목표를 그냥 마구잡이로 세우면 안 되고 고수에게 물어보거나 조사해서 구체적으로 목표를 세워야 한다. 그리고 만약 5천 시간이 필요하다면, 그다음엔 언제까지 완수할 것인지의 시점을 정해야 한다. 그렇게 마감을 정하고 실천해야 독하게 할 수 있다. 우리가 시험 보기 전날엔 딴생각 안 하듯이 시간이 얼마 안 남았다고 생각하면 목표에 대한 긴장감이 달라질 것이다. 평일에 계획한 것만큼 하지 못했다면, 주말에 더 많이 해서 반드시 그 주에 해야 할 분량을 완수하려는 노력이 필요하다. 그래야 목표를 달성할 수 있다.

직장인에게 주말은 자기를 위해 쓸 수 있는 유용한 시간이다. 그런데 직장인 대부분은 주중 고생한 자신을 위로하기 위해 금요일 저녁에 술을 진탕 마시고 토요일 늦게까지 자다가 와이프 눈치 보면서 라면 하나 끓여 먹고 리모콘 들고 소파에 도장 찍다가 일요일에는 와이프 따라 쇼핑하다가 싸우고 월요일 출근하는 사이클을 반복한다. 접대나 비즈니스 미팅이 많은 임원의 경우는 금요일 술 마시고, 토요일 골프 치고 뒤풀이로 또 술 마시고, 일요일에도 골프 치는 일정들이 반복되기 일쑤다.

'주말을 경영하라', 시간관리를 주제로 강의할 때 가장 주목한 말이다. 금요일 저녁부터 일요일까지를 어떻게 활용하느냐에 따라서 인생이 달라진다. 특히, 자신의 전문영역을 개발하기 위해서는 주말만큼 소중한 시간이 없다. 연수원에 근무할 때 만난 건설회사 현장 소장 한 분은 지방 근무를 하면서 건축사 자격증을 따기 위해 금요일이면 올라와 주말반 학원을 다니고, 월요일 새벽에 내려가 현장 일을 지휘 감독하는 치열한 노력으로 기술사 자격증을 취득했다고 한다. 나 역시 주말을 활용한 자기개발에 많은 도움을 받았다. 어학 공부와 전문 분야 학습, 그리고 취미로 색소폰을 배워 나를 차별화시키고 브랜드를 높이는 시간으로 활용했다. 지금도 주말이면 특별한 일이 없는 한 무조건 집을 나와 도서관이나 사무실에서 책을 읽거나 밀린 저술 활동, 그리고 내 인생 설계에 대한 진척 상황을 점검하는 시간을 갖는다. 이렇게 학습시간을 보내고 집에 돌아갈 때가 되면 무언가 뿌듯함을 느낀다.

언제 어디서 무슨 일이 일어날지 모르는 것이 인생이다. 기회는 준비하는 사람들만 잡을 수 있다. 평상시에 실력을 쌓아두고 어떤 일이 주어지더라도 해낼 수 있다는 생각으로 매사에 임해야 한다.

리더의 액션

Life를 위한 Work

신입사원 시절에는 '술 잘 마시는 사람이 일도 잘한다'는 말이 통용되어 선배들과 밤새워 술 마시고 충혈된 눈으로 출근해 술을 깨기 위해 점심을 거르고 그 시간에 사우나에 가곤 했었다. 하지만 예나 지금이나 자기 분야에서 프로로 자리매김하는 사람들은 자기관리에 철저한 사람들이다. 당연하게도 성과를 내는 지점장이나 설계사들은 자기관리가 철저하다. 영업하다 보면 술을 마셔야 하는 경우가 생기고, 업무 스트레스를 풀기 위해 가끔 술을 마셔야 한다는 의견에 반대하지 않지만, 술 마시면서 영업한 계약치고 오래 유지되는 경우를 보지 못했고, 스트레스 풀겠다고 매일 술을 마시면서 업무 능률이 오른 사람도 거의 보지 못했다. 그래서 나는 감히 말한다. 자기관리가 안 되는 사람은 프로가 될 수 없고 영업뿐만 아니라 어느 조직에서도 살아남기가 힘들 것이라고.

특히 자신의 가치를 인정받고, 다른 사람에게 영향력을 행사해서 조직의 성과를 이끌어내야 하는 리더로 성장하려면 자기관리는 더욱 필수다. 자기관리가 안 되는 사람이 다른 사람을 리드한다는 것은 어불성설이다. 성공이란 멀리 있는 것도, 특별한 사람들만의 전유물도 아니다. 자신을 변화시키는 좋은 습관을 갖는 것만으로 성공의 절반에 다가서 있다. 좋은 습관 하나하나를 실천하는 것, 그것이 바로 자기관리이며 이런 작은 변화가 우리 삶 전체를 변화시키고, 우리를 성공의 문으로 이끌어줄 것이다.

사업부에 와서 영업현장을 다녀보니 현장관리자, 스태프, 그리고 설계사들 모두 저녁 자리가 많았는데 고객과의 저녁은 자연스럽게 술자리로 이어지는 경우가 많았다. 술을 못 마시는 사람들뿐만 아니라 술을 잘 마시는 사람들도 매일 이어지는 늦은 술자리를 갖고 아침 일찍 출근해 힘겨워하는 모습을 보니 가슴이 아팠다. 이러한 일들이 루틴이 되어서 하나의 조직 문화가 된 것 같았다. 이렇게 방치했다간 개개인의 건강뿐만 아니라 가정생활에도 문제가 생길 수 있었다. 그래서 부임한 지 한 달 만에 스태프들의 역할과 책임Role & Responsibility을 재인식시키는 매뉴얼을 만들고, 업무 시간에 집중할 수 있도록 저녁 술자리를 줄여 퇴근 시간을 앞당겼다. 처음에는 어리둥절하던 사람들이 차츰 적응하더니 오히려 좋아했다. 알고 보니 저녁을 먹고 술을 마시는 것이 관례가 되어 억지로 회식에 참석했던 사람들이 많았다. 그 문화가 정착되자 맑은 정신으로 업무에 집중하고 의사결정을 할 수 있게 되어 성과 향상에 큰 도움이 되었다. 지금은 주 52시간제 도입으로 이런 문제는 자연스럽게 정리되었다.

솔선수범으로 사업부장 역할에 충실하면서 시간관리, 건강관리를 위해 노력하는 한편, 부하직원들을 위해 최대한 업무 시간에 집중할 수 있도록 했다. 미팅도 한 시간 이내로 압축하고, 핵심 성과지표 위주와 프로세스 중심으로 보고를 받으면서 업무 시간 내에 모든 업무를 완수하도록 했다. 업무가 종료되면 바로 귀가할 수 있도록 퇴근 문화를 만들어 각자의 건강을 위해 헬스를 하거나 취미 활동을 하게끔 하였다. 업무환경을 개선하기 위해 사무실 정리 정돈 캠페인을 전개해 사무실 분위기도 상쾌하게 만들도록 했다. 특히, 불필요한 자료 분석을 최소화했고, 원격지에 있는 현장 리더들을 소집해 미팅하는 것은 한 달에 한 번 정도로 축소하고, 미팅이 필요시에는 원격회의를 도입하여 나머지 시간은 영업 관리에 집중할 수 있도록 했다. 필요하면 내가 직접 각 지점 현장을 방문하여 그들의 의견을 청취하고 토론하면 오히려 더 큰 성과와 로열티가 생겨났다.

리더십 액션 가이드

- 원칙적으로 모든 업무에 대해 우선순위를 설정하라.

- 업무와 상관없는 전화, 방문, 회의 등을 지양하라.

- 부정적인 측면보다 긍정적인 측면을 많이 생각하라.

- 주말 시간을 계획을 가지고 전문성을 높이는 데 활용하라.

- 점심시간 및 출퇴근 시간 등 짜투리 시간을 잘 활용하라.

- 매일 규칙적인 생활을 하고 무리한 음주를 피하라.

- 모든 일을 할 때에는 능률을 고려하여 계획을 세워라.

- 건강을 위해 정기적으로 운동하고 식생활을 개선하라.

- 스트레스를 해소를 위해 자신만의 해결책을 가져라.

- 평상시 유머감각 및 평온을 유지하려고 노력하라.

5장

인간관

모든 일은 결국 사람이다

이런 질문을 한번 자신에게 던져보자. "나는 매일 출근해서 사람과 일을 하고 있는가? 아니면 일하면서 사람을 만나고 있는가?" 어떤 답을 했더라도 좋다. 다음 질문을 이어서 던져보자. "사람이 힘든가?" 아니면 "일이 힘든가?"

실제로 리더십 강의 중 이 질문을 가끔 청중을 향해 던진다. 그러면 이구동성으로 "사람이 어려워요"라는 답변이 돌아온다. 그렇다. 연수원에서 20여 년을 넘게 리더십을 연구하고 강의해온 내가 사업부 현장에 와서 느낀 것은 '결국 사람'이라는 점이다. 물론 내가 여기서 말하고자 하는 사람은 일반인을 지칭하는 것이 아니다. 리더십 측면에서 사람은 '리더'와 '팔로워' 관계에서의 사람이다. 그런데 내가 그동안 연구하고 깨달은 사람에 대한 시각은 리더를 바라보는 부하직원의 시각과 팔로워를 바라보는 상사의 시각이 꽤 큰 차이가 있었다.

먼저 "어떤 사람이 당신의 상사이길 원하는가?"라고 물으면 대부분 "업무 능력이 뛰어나서 일을 잘할 수 있도록 도와주고, 내가 성장할 수 있도록 리더십을 갖춘 상사"라는 답을 한다. '형님(언니)처럼 포근하고 인간미를 갖춘 사람'이라는 답은 의외로 적다.

그럼 "당신이 장기간 아프리카 출장을 가는데 어떤 부하직원과 함께 가고 싶은가?"라는 질문을 던지면 상사들은 대부분 "일은 똑소리 나게 잘하는데 인간미 없는 사람보다 일은 약간 미숙하지만 진정성을 갖춘 부하직원"과 함께 가고 싶다고 한다. 이런 시각을 뒷받침할 평가 프로세스를 이해하면 더 분명해진다.

팔로워가 상사를 평가할 때는 100점을 기준으로 시작한다. 화를 자주 내서 10점 마이너스, 인간미가 없어서 10점 마이너스, 업무를 잘 몰라서 10점 마이너스, 그래서 '그는 60점'이라는 점수를 매긴다.

그런데 정작 본인의 평가는 50점부터 시작한다. 나는 업무를 잘하니까 10점 플러스, 센스가 있으니까 10점 플러스, 보고를 잘하니까 10점 플러스, 그래서 '나는 90점'이라는 점수를 매긴다. 내 앞에 있는 리더는 완벽한 사람이어야 하고 그 리더를 따라가는 팔로워인 나는 부족하지만 채워가는 사람이라는 시각이 자리하고 있기 때문이다. 이 두 시각은 우리에게 사람을 이해하고 공부하는 데 꽤 많은 시사점을 준다.

사람을 이해하는 학습

완벽한 사람은 없다. 리더가 완벽해야 한다는 가정은 틀렸다. 또한 팔로워가 자신을 완벽하게 따를 것이라는 기대도 하면 곤란하다. 그러므로 리더에게 완벽을 기대하지 말고 그의 훌륭한 점 한 가지만 배우려는 자세와 노력이 필요하고, 리더는 팔로워에게 그도 불완전한 사람임을 전제로 보다 친절하고 분명하게 메시지를 전달하고 피드백하는 노력이 필요한 것이다.

"사람이란 생각을 가지고 언어를 사용하며 도구를 만들어 사용하면서 사회를 이루어 사는 동물"이라는 사람에 대한 네이버의 정의를 심플하게 이해하는 것으로 출발하면 쉽다.

먼저, 사람은 생각하는 동물이다. 이 부분은 1장에서 여러 가지로 언급한 바가 있다. 인생의 목적과 목표를 갖는다는 점 그것이 사람이라는 존재를 말함이기 때문이다. 사무실이나 업무 현장에서 종종 '저 친구는 생각이 없네', '무슨 생각으로 사는지 모르겠네' 등의 말은 그가 삶에 대한 목적과 목표가 없이 살아가는 모습에 대한 안타까움의 표현인 것이다.

두 번째로 사람은 언어를 사용하는 동물이다. 언어를 사용한다는 것은 서로 커뮤니케이션을 한다는 것이다. 그런데 이 언어(말)가 참 어렵다. 소리와 말이 다른 점은 소리가 의미가 없는 음성이라면 말은 화자와 청자 간의 소통하고자 하는 의도가 담긴 것을 말한다. 이 '소통하고자 하는 의도'가 리더십에서 사람을 이해하는 핵심이다. 즉, 소통이 이루어져야 사람과의 일이 이루어지는데, 현실은 서로 다른 종족들마냥 알아듣지 못할 말들을 하고 있다.

실제로 현장에 가면 "그거 어떻게 됐어?"라고 거두절미하고 묻는 상사가 많다. 그러면 부하직원은 며느리도 모르고 시아버지도 모르는데 상사의 의중인 '그것'을 알려고 머뭇거리면 당장 호통이 날아온다. "그것도 모르면서 어떻게 직장생활을 하려고 하나?" 독자들도 이런 상황에 많이 봉착했을 것이다. 이처럼 상대에게 의도와 의미를 분명하게 전달하지 못하고서는 오히려 '말귀를 못 알아듣는다', '감이 없다'는 둥 질책하는 것이다. 나도 감이 없다는 지적을 많이 받아서 어느 가을날은 "감이라도 한 박스 사서 먹으면 감이 생길까?" 하는 웃지 못할 푸념을 하곤 했다. 그러다가 내가 터득한 방법은 "그거 어떻게 됐어"라는 상사의 질문을 받으면 가장 최근 이슈가 되었던 업무 중 하나를 보고한다. 그러면 "그래 그거 말이야."라고 반응하는 경우가 많았다. 물론 "아니 그거 말고 그거."라는 엉뚱한 답이 올 때도 종종 있었지만. 어쨌든 이처럼 소통이라는 게 참 쉽지 않다. 특히 주어와 목적어를 빼먹고 이야기하는 한국어의 특징이 더욱 이런 불통을 야기한다. 우리는 이것을 언어의 호환성이라고 하는데 호환성이 많으면 모호한 경우가 많아진다. 그래서 미국에서 학위를 하고 온 모 경제연구소 소장은 이러한 한국어의 애매모호성을 인식하고 부하직원의 말이 이해가 안 되면 보고를 천천히 영어로 하라고 한다. 영어는 주어, 목적어, 보어, 술어가 명확하기 때문에 보다 구체적이다. 그렇다고 우리가 소통을 영어로 해야 할 까닭은 없다. 한국어도 주어, 목적어,

보어, 술어를 사용해 말하면 충분히 소통이 가능한 우수한 언어다.

세 번째, 인간은 도구를 사용하는 동물이다. 문명의 발전에 따라 사용하는 도구도 많이 변했다. 지금은 디지털 도구를 누가 더 잘 사용하느냐가 관건인 시대다.

마지막으로 사람은 사회를 이루며 그 집단 속에서 살아가는 동물이다. 훌륭한 인간이 되기 위해서는 사회성을 갖고 관계를 통해 더불어 잘 살아야 한다는 것이다. 하나만 더 언급하자면 사람은 생각, 언어, 도구를 사용하는 동물로서 생존, 번식, 감정 등 기본 동물의 범주 안에 있다는 점을 간과해서는 안 된다. 특히 감정을 가진 동물이라는 점이 어쩌면 관계를 만들어가는 데 더 큰 역할을 할 수도 있을 것이다. 현대적 관점에서 리더십은 이 부분에 더 많은 가치를 부여하는 경향을 보인다. 감성이 리더십의 중요한 일부분인 것이다. 그러자면 우리는 사람을 이해하는 더 깊은 학습이 필요하다.

리더는 인간관이 중요하다

사람을 더 깊이 이해하는 데는 사람을 어떻게 바라보느냐의 관점에 따라 응답방식Responsive Way과 저항방식Resistant Way으로 접근하는 리더십 다이아몬드 모델LDM이 도움이 된다.

먼저, 응답방식은 상대방을 나와 같은 존재 그 자체, 즉 사람People으로 보는 관점이다. 나 자신이 중요하듯이Real 상대방도 중요한Real 사람으로 그의 실체, 그들의 관심, 소망, 필요사항, 근심 걱정에 대응하는 것이다.

반면 저항방식은 상대방을 대상Object으로 보는 관점이다. 그들을 수단과 도구로 보는, 심하게 말하면 성과를 내는 앵벌이 정도로 보는 것이다. 이 글을 읽는 독자 중에는 아직도 저항방식으로 사람을 대하는 전근대적인 사람이 있을까 싶겠지만, 실제로는 상사의 욕심을 위해서 무리하게 일하는 사람들이 꽤 있다고 본다.

그러나 응답방식으로 사람을 봐야 하는 이유는 그림을 참조하면 더 분명해진다.

리더십 다이아몬드 모델(LDM)

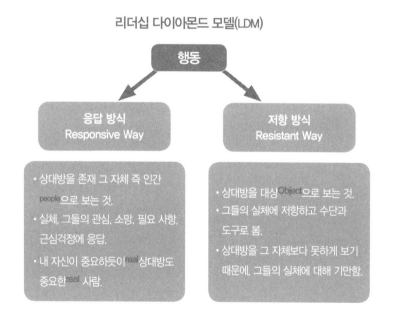

상대방을 중요한 사람으로 보면 업무에서는 분명하고 관계에서는 부드럽게 배려하게 된다. 상대방도 이것을 알기 때문에 더욱 열심히

하려고 하고 결국 이런 관계는 성과로 돌아온다. 하지만 저항방식으로 대응하면 상대방이 처음에는 모를 수 있으나 시간이 갈수록 자신을 이용하고 있다는 것을 알게 된다. 그걸 알게 되는 순간 그는 적당히 일하게 되고 더 이상 의욕을 가지려 하지 않는다. 혹 지금도 후배나 부하직원을 자신의 목적이나 목표 성취를 위해서 이용하는 사람이 있다면 태도를 바꿔라. 자기를 이용하는 사람의 직위 때문에 처음에는 충성을 다할 수 있으나 시간이 지나면 충성하지 않는다. 그들의 특징은 일은 엄청 시켜먹지만 성과는 자기 것만 챙긴다. 부하의 공을 자신의 공으로 내세우는 사람들이다. 자신이 잘나서 그 자리에 있는 것으로 생각한다. 그래서 후배들이 따르지 않는다. 그 자리를 떠났을 때 굳이 만나려고 하지 않는다. 사실 개도 자기를 좋아하는 사람을 구분하는데 영물인 사람이 모를 것이라는 착각을 하는 것은 바보 같은 사람들이다.

인간을 보는 대표적인 이론 가운데 'XY 이론'을 빼놓을 수 없다. 경영자와 관리자가 어떻게 종업원을 바라보는가에 대한 인간관을 연구한 이론으로, 미국의 경영학자 D. 맥그레거McGregor가 제창한 이론이다. 그는 전통적 인간관을 X 이론으로, 새로운 인간관을 Y 이론으로 지칭하였다.

전통적 인간관인 X 이론은 '인간은 본래 일하기를 싫어하고 지시받은 일밖에 실행하지 않는다. 따라서 경영자는 금전적 보상을 유인으로 사용하고 엄격한 감독, 상세한 명령으로 통제를 강화해야 한다.' 반대로 새로운 인간관인 Y 이론은 '인간에게 노동은 놀이와 마찬가지로 자연스러운 것이며, 인간은 노동을 통해 자기의 능력을 발휘하고 자아를 실현하고자 한다. 그래서 경영자는 자율적이고 창의적으로 일할 수 있는 여건을 제공해야 한다.'

그가 말한 새로운 인간관으로서 주창한 Y 이론을 정리하면 오락이나 휴식과 마찬가지로 일에 전력을 바치는 것은 인간의 본성이다. 그래서 상벌만이 기업목표 달성의 수단은 아니다. 조건에 따라서 인간은 스스로 목표를 향해 전력을 기울이려고 한다. 또한 책임 회피, 열정 결여, 안전제일주의는 인간의 본성이 아니다. 그리고 새롭게 당면한 문제를 잘 처리하는 능력은 특정인에게만 있는 것은 아니다. 오히려 현재 기업 내에서 인간의 지적 능력이 제대로 활용되지 않고 있을 가능성이 크다는 것이다.

그러면 현장에서 우리는 어떤 이론에 입각해 리더십을 발휘해야 하는가? 논리적으로는 Y 이론에 입각한 리더십을 발휘해야 한다고 생각하지만 때로는 X 이론을 적용해야 할 때도 생긴다. 자기 인생에 대한 목적이 없고, 업에 대한 가치가 정립되어 있지 않으며 열정이 없는 사람들은 Y 이론을 적용하기 쉽지 않기 때문이다. 그들에게는 먼저 리더십 액션을 충실이 수행케 한 다음 Y 이론을 적용한 리더십을 발휘해야 한다.

부하를 육성하는 마음가짐

회사의 리더와 집안의 가장은 같다고 생각한다. 내 자식 잘되는 것을 싫어하는 부모 없듯이 상사도 부하를 그렇게 생각해야 한다. 그런데 실상에서는 그렇지 않은 경우가 왕왕 있다. 자기 자식은 끔찍이 생각하면서 직장에서 만나는 남의 자식들에게는 힘든 일을 요구한다. 자식이 잘못했을 땐 야단도 치고 바로 잡으려고 교육시키면서, 부하 직원의 부족한 점을 발견했을 땐 단점을 고쳐줄 생각은 하지 않고 그를 그저 단점이 잘 드러나지 않는 업무로만 이동시키는 게 고작이다. 단점이 고쳐지지 않으면 그 단점으로 부하에게 큰 시련이 올 것은 자명하다. 그렇게 되면 당연히 리더 본인이나 조직 전체에 시련이 온다는 것을 알아야 한다. 세상에 완벽한 사람이 없다는 점은 누누이 말했다. 모든 건 결국 사람이다. 그러므로 리더는 정말 사람을 아낄 줄 알아야 한다.

내가 가진 몇 가지 원칙이 있다. 그중 첫 번째는 사람을 비용의 원천이 아니라 투자의 대상으로 봐야 한다는 점이다. 리더 대부분이 회사 사정이 어려워지기 시작하면 사람을 비용의 원천으로 보는데, 그렇게 보는 순간 조직은 망한다. 그럴수록 사람을 투자 대상으로 생각해 학습 기회를 더 주어야 한다. 학습과 교육은 다르다. 교육이 지식과 기술을 습득하는 과정이라면 학습은 사람에게 평생에 대한 비전을 만들어주는 행위다. Y 이론을 기반으로 사람은 통제의 대상이 아니고 자율의 주체라는 것을 알아야 한다. 우리가 범하기 쉬운 것 중 하나가 시작과 끝을 정하지 않고 과정만 챙기는 것인데, 학습 프로세스는 가능한 한 자율적으로 해주되 학습 결과는 꼭 챙겨주는 것이 중요하다.

학습 방법은 약점 보강이 아니라 강점 강화를 하는 방향으로 하는 것이 좋다. 개개인의 장점을 보강하는 학습과 함께 선배로서 내가 배운 것을 전승하는 것도 좋은 방법이다. 경험에서 얻은 노하우를 후배에게 전수하는 행위가 곧 육성이다. 이는 또한 내가 선배로부터 받은 은혜를 갚는 것이기도 하다. 부하를 육성하는 일은 반대급부를 바라지 말고, 오로지 부하가 조금이라도 잘되기를 바라는 마음가짐으로 해야 한다. 부하를 자신의 붕어빵으로 만들어서는 안 된다. 부하직원의 특성에 맞춰 새로운 리더로 성장해 나를 넘어서도록 만들어야 한다. 또한 나를 잘 따르지 않는 부하는 따돌리고 잘 따르는 부하를 편애하거나, 부하를 힘으로 누르려고 해서도 안 된다. 부하를 자신이 권력을 쥐고 세력을 키우기 위한 수단으로 육성해서는 더더욱 안 된다. 리더는 이처럼 헌신적인 마음가짐이 필요하다.

리더의 액션

목적으로 보는 인간관 실천

사업부장으로 부임한 후 가장 먼저 영업관리자들과 비전을 공유하며 그들을 목표를 달성하는 동지로 보려고 노력했다. 그래서 나뿐만 아니라 영업관리자나 설계사들에게도 인간관계가 중요하다는 점을 수없이 강조했다. 특히 고객을 돈벌이의 수단으로 봐서는 안 된다. 고객의 생명과 안전을 돌봐주는 평생 가족으로 생각하고 관계를 맺어야 한다. 계약할 때만 자주 전화하고 방문하고 나서 계약 이후에 관리하지 않는 설계사가 롱런하는 경우는 보지 못했다. 보험영업은 대면 영업이다. 철저하게 무형의 상품을 고객에게 설득하여 판매가 일어나는 것이다. 따라서 설계사가 고객을 움직여야 하고 영업관리자들이 설계사를 움직여야 한다. 보험영업은 1단계가 상품 지식으로 하는 기술 영업, 2단계가 고객 상황 분석 후 제안하는 맞춤 영업, 3단계가 고객을 가족으로 생각하는 마음 영업인데, 3단계가 되었을 때 비로소 새로운 고객을 소개하고 양질의 계약이 이루어질 수 있다.

그러므로 나는 3단계 영업을 할 수 있도록 모든 영업관리자와 설계사들을 육성하기로 했다. 그러나 전통적인 방식인 시상과 평가 등은 단기간에 사람을 움직일 수 있지만, 질적인 변화에는 한계가 있었다. 거기다 수년간 영업을 해온 그들은 인적 네트워크가 잘 형성되었기 때문에 무슨 일이 어떻게 일어났는지를 실시간으로 알고 있다. 그래서 늘 그래왔던 것처럼 새로 온 리더가 추구하는 변화를 그저 한순간의 이벤트 정도로 알고 적당히 흉내만 내려고 한다. 나는 그들에게 진정성으로 다가가야 했다. 낙하산을 타고 와 사업부 실적 올리기에만 열을 올리다가 가버리는 사업부장이 아닌 그들의 리더로서 한 사람 한 사람의 성장을 위해 열정을 쏟기로 했다.

설계사 중에는 가정 형편상 대학에 진학하지 못하고 상업고등학교를 졸업해서 바로 취업하고 가정을 돌보다가 또다시 영업 현장에 들어와 자녀 교육까지 훌륭하게 해낸 사람이 있는가 하면 고등학교를 졸업하고 여사원으로 입사하여 영업관리자까지 승진한 대단한 지점장들도 많다.

그들과 소통하면서 그들의 고충을 진실되게 들었다. 그들의 삶은 치열하고 진솔했으며 아름다웠다. 그들의 아픔을 함께 아파하고 그들의 눈물에 덩달아 눈물이 났다. 그들은 사업부 목표 달성을 위한 수단이 아니다. 한 사람의 인생에는 나름의 숭고한 바람과 목적이 있다. 그래서 조금이라도 더 성과를 내려고 했고, 더 승진하려고 애를 쓴다는 것을 알게 되었다. 지금은 이런 제도가 없어졌지만, 영업관리자로 승진하기 위해서는 영어 등급이 필요했다. 사실 현장에서는 영어를 사용할 기회가 거의 없다. 그래서 영어 공부를 별도로 해야 하는 것이 영업관리자들에게는 여간 어려운 일이 아니다. 어느 날 내가 영어 공부하던 때에 정리해둔 자료와 토익 시험 책을 들고 지점에 방문해 A지점장에게 그것들을 주었더니 그는 뜻밖이 선물에 감격했다. 이런 일들이 차츰 그들의 마음을 움직이기 시작했다. 나를 인정하고 믿어주는 것을 느끼기 시작했다. 이번 사업부장은 다른 것 같다는 인식이 퍼지자 미래가 보이기 시작했다. 리더가 되기 위해서는 아름다운 호수의 백조만 볼 것이 아니다. 백조의 우아한 자태를 유지하기 위해 수면 아래에서 얼마나 열심히 발을 젓고 있는지를 알아야 한다. 리더라는 백조는 영업관리자와 설계사들이라는 아름다운 호수가 있으므로 존재하는 것이다. 당연히 그들을 사랑하고, 공감하며 눈물, 땀물, 핏물로 얼룩져 있는 가시밭길을 함께 걸어가는 것이다.

리더십 액션 가이드

- 구성원을 수단이나 도구가 아닌 목적 자체로 인정하라.
- 구성원의 실체, 관심, 소망, 필요사항, 근심 걱정에 응답하라.
- 사람도 감정의 동물임을 알고 구성원에게 상처를 주지 마라.
- 상사는 완벽한 사람이 아님을 인정하고 한 가지라도 배우려고 노력해라.
- 부하들이 상사가 자신을 이용하고 있는지 알고 있다는 것을 명심하라.
- 후배를 자신의 목적 달성을 위해 이용하지 마라.
- 상벌만이 기업 목표 달성의 수단이 아님을 늘 생각하라.
- 리더는 후배를 코칭과 조언으로 성장시켜라.
- 리더는 후배의 입장에서 사랑하는 마음으로 공감하라.
- 리더는 후배의 특성에 맞춰 육성하고 성장시켜라.

6장

진정성

마지막은
보이지 않는 곳에서 완성된다

리비히의 최소량의 법칙에 따르면 10대 필수 영양소 중에서 식물의 성장을 좌우하는 것은 항상 넘치는 요소가 아니라 가장 모자라는 요소다. 가령 탄소, 산소, 수소, 질소, 인산, 유황, 칼륨, 칼슘, 마그네슘, 철 중 한 가지가 부족하면 다른 것이 제아무리 많이 들어 있어도 식물은 제대로 자랄 수 없다. "경작물의 성장은 가장 부족한 것에 의해서 제한된다"라는 것으로 이를 '최소율의 법칙', 또는 '한정요인설'이라고 말한다.

앞의 열 가지 원소 중에서 몽땅 다 넘치지만, 어느 하나가

채 90%밖에 되지 않는다면 다른 영양소들도 에누리 없이 간신히 9할만 사용하게 된다. 이 법칙은 저마다 정치, 경제, 사회, 인생살이에도 적용되니, 기어코 '부족한 2%'에 온전히 신경을 써야 한다는 것으로 한 집단에 아무리 입지전적인 인재가 모여 있어도 정작 질 낮은 몇 사람 탓에 고스란히 전체 수준이 떨어지는 것과 흡사하다.

_『권오길의 괴짜 생물 이야기』, 권오길 지음, 을유문화사

이 리비히의 최소량의 법칙Liebig's law of minimum은 독일의 화학자 리비히J. von Liebig, 1803~1873가 제창한 것으로, '10대 필수 영양소(원소) 중 성장을 좌우하는 것은 넘치는 요소가 아니라 가장 모자라는 요소'라는 것이다.

이는 회사를 운영하는 데도 큰 인사이트를 준다. 사람들 대부분은 회사의 성과라는 탐스러운 꽃과 풍성한 열매가 경영, 상품기획, 생산, 전략, 홍보, 마케팅, HR, 재무, 회계 등 라인에서 이루어진다고 생각한다. 틀린 말은 아니다. 그러나 성과는 회사 내 가장 보이지 않는 조직의 수준에서 결정되는 경우가 많다. 그런데 요즈음은 그동안 고려하지 않았던 부문에서 회사의 성과를 무너뜨리고 있다. 우리나라 대표 항공사 오너가 보여준 낯뜨거운 행태의 갑질과 심심치 않게 터져 나오는 성희롱을 비롯한 직장 내 괴롭힘이 그것이다. 바야흐로 '예의와 신뢰'가 성과의 필수요소가 된 것이다. SNS를 비롯한 개인 미디어의 발달이 가지고 온 투명한 사회는 오너 개인의 일탈뿐만 아니라 조직원 모두에게 합리적이고 상식적인 생각과 행동을 요구하고 있다.

지속경영의 가장 큰 이슈가 사회적 책임이 되어버린 현대 경영에서 리더십 또한 예의와 신뢰라는 요소를 주목해야 할 때가 된 것이다.

관심받지 못한 사람들에게

조직의 변화는 누구도 알아주지 않고 관심도 주지 않았던 현장의 변화로부터 시작되는 경우가 많다. 사실 잘나가는 부서 사람들은 누가 챙기지 않아도 그 자체로 자긍심과 에너지가 있고 이해관계가 얽힌 주변 사람들이 챙겨준다. 하지만 조직에는 마치 공기나 햇빛같이 꼭 있어야 하지만 당연히 있는 것처럼 관심받지 못하는 업무를 하는 이들이 있다. 그중 하나가 회사 보안요원들이다.

보안업무는 회사 내 기밀 유지와 직원 및 고객의 입출입을 통제하는 역할을 맡고 있지만, 한편으로는 데스크에서 고객을 접하는 최일선의 요원으로 대고객 서비스를 담당하는 곳이기도 하다. 즉, 보안요원은 회사의 얼굴이다. 그러므로 그들의 고객은 외부 고객만이 고객이 아니라 빌딩 내 상주하는 내부 고객도 포함이다. 그런데 사업부에 부임해 처음 마주한 우리 보안요원들을 보고는 적잖이 놀랐고 당황스러웠다. 그들은 빌딩 안에 자리 잡고 앉아서 들고나는 사람을 보는 것이 아니라 컴퓨터 모니터만 쳐다보고 있었다. 누군가 가까이 다가와 물어보기라도 하면 그제야 자리에서 일어나 응대하는 것이었다. 그룹이나 본사 요원들에게는 있을 수 없는 근무 태도를 보여준 것이다. 건물에는 회사 내 설계사뿐만 아니라 공공기관 그리고 타사 사람들도 왕래했다. 그런데 당시 보안요원들은 멀뚱멀뚱 앉아 있다가 누가 물어보면 수동적으로 대답해주고 근무시간이 지나면 기계처럼 교대했다. 그래서 인사팀 간부를 통해 개선 메시지를 세 번씩이나 전달했는데, 여전히 개선되지 않았다. 그러고 나서 보안요원들의 업무 자세에 대해 강력하게 혁신을 요구했고 부적격자 교체까지 지시하는 강수를 뒀다. 해당 본부는 여러 번에 걸쳐 자체 교육을 강력하게 실시한 다음 변화되었다.

그들과 직접 대화하다 보니 그들에게는 주인의식이 없었다. 자신을 그저 남의 집을 지키는 사람 정도로 생각하고 있었다. 이번 일을 계기로 좀 더 적극적인 자세로 당당하게 눈치 보지 않고 업무에 매진하게 되었다는 이야기를 전해 들었다.

비록 부족하더라도 마음을 주고 인정하면 그들이 주체가 되어 사업부의 숨은 역군이 된다. 보안요원들은 자신들의 업무에 대해 열정을 가지고 움직이기 시작했다. 대고객 서비스의 질이 향상되었고 그들이 인정받고 있다는 사실을 깨닫자 본연의 업무에 최선을 다하기 시작했다.

리더의 액션

일신우일신 日新又日新

갑질은 꼭 리더 층에서만 일어나는 일이 아니다. 옛말에 정승 집 개는 판서가 지나가도 짖는다고 하지 않던가? 알량한 권력이라도 있는 곳이면 어김없이 나타나는 고질병이 갑질인데, 그 고약한 것 중에서도 고약한 것이 을의 갑질이다. 이들은 비록 말단 지위로 을의 위치에 있지만, 자신의 권력을 최대한 활용하여 갑질을 한다. 대표적인 지위가 주차난이 심각한 빌딩의 주차요원들이다. 우리 빌딩도 많은 인원에 비해 주차장이 턱없이 부족해서 고객은 말할 것 없이 설계사들과 단장들까지 힘들어하고 있었다. 이런 상황이다 보니 주차요원들의 갑질은 목불인견이었다. 서비스 정신은 오간 데 없고 하물며 고객들이 출입하는 통로에서 버젓이 담배까지 피우는 지경이었다. 도저히 이해할 수 없는 장면들이 펼쳐졌다. 그런데도 지금까지 이런 그들의 태도에 대해 누구도 지적하려고 나서지 않은 것 같았다. 당장 빌딩을 관리하는 담당 소장에게 주차 공간 편성과 관련해 철저히 조사하고 보고하게 하였다. 설계사뿐만 아니라 내부 관리직에게도 기준에 맞게 공정하게 재편성하여 빌딩 전체 주차 규정 기준을 잡아갔다. 주차가 비교적 쉬운 지상층과 지하 1, 2층 주차 공간은 외부 고객용으로 배려하고 설계사 및 임직원들은 지하 3, 4층 그리고 사업부장 주차 공간은 지하 4층으로 편성하도록 지시했다.

이러한 일련의 변화들을 보고 빌딩 담당 소장, 설계사, 그리고 임직원들도 매우 놀라는 표정이었다. 당연히 주차요원들의 서비스 정신과 태도를 지속적으로 교육하도록 요청했고 이를 통해 새롭게 변화된 주차요원들을 만날 수 있었다.

이들뿐만 아니라 회사의 얼굴인 일선 현장 사람들의 변화는 신속하게 이루어졌다. 청소하는 남녀 미화요원들, 보안요원, 식당, 주차를 담당하는 모든 사람의 생각과 태도가 달라졌다. 그들의 변화에 감사의 보답으로 초복과 중복 때는 인삼 등이 들어 있는 삼계탕 세트를, 추석과 설 명절에는 사과 한 박스씩을 선물했다. 그러자 보안요원들과도 출근길에 자연스럽게 웃으면서 인사를 주고받게 되었고, 주차요원들과도 큰 목소리로 친근감 있게 인사를 나눴다. 새벽 출근길에 만나는 어느 미화요원은 1층 로비를 청소하다가도 엘리베이터를 잡아주며 살가운 인사를 보내주기도 했다. 그렇게 서로 마음으로 챙기며 살아가는 그런 사이가 되었다. 당연히 그들의 서비스 정신은 습관화되었다. 한편 내부 요원들만 조직에 기여하는 것이 아니다. 우리 회사의 성과에 직간접으로 영향을 미치는 사람들로는 SDS 협력사와 전자 판매 서비스 직원들도 있다. 그들에게도 명절 때마다 사과 한 박스씩을 챙겨주고 있다.

"우리 사업부장님이 선물을 주셨어." 그들의 아내에게, 혹은 남편에게, 자식들에게 자랑하며 어깨를 으쓱이며 힘을 한 번 주는 것만으로도 충분하다. 이들에게는 사과가 중요한 것이 아니다. 관심과 배려를 받고 있다는 마음은 그들에게 자긍심을 갖게 하고 그들에게 준 작은 선물은 열정으로 돌아온다.

리더십 액션 가이드

- 리더는 일선 현장 사람들을 진정성을 갖고 챙겨라.

- 일선 현장 사람들도 주인의식을 갖도록 다양한 방법을 만들려고 노력하라.

- 현장 사람들도 인정받고 싶은 욕구를 있음을 명심하라.

- 현장 사람들에게 작은 선물이라도 감사의 편지와 함께 자주 보내라.

- 현장을 수시로 방문하여 격려하고 칭찬하라.

- 현장 변화시도는 계획적이고 지속적으로 하라.

- 현장이 제대로 돌아가면 조직이 건강해짐을 명심해라.

- 현장의 작고 사소한 일이라도 관심을 갖고 챙겨라.

- 현장에서 개선하고 혁신한 사례들을 전파하고 보상하라.

- 일선 현장의 사람들이 조직의 숨은 역군임을 늘 생각하라.

7장

동기부여

가슴의 방아쇠를 당겨라

리더에게 가장 필요한 역량 가운데 하나는 단연코 구성원들에게 열정을 불러일으키는 동기를 불어넣어 주는 것이다.

"임 상무는 열정이 많으니 잘해낼 거야."

그룹 인력개발원에서 교육으로 잔뼈가 굵었고 영업 경험이 전무한 나를 영업 최전방 사령관으로 발령을 내면서 해준 사장님의 이 한마디가 방아쇠를 당겼다.

상사이자 보스였던 사장님은 내가 가진 욕구를 정확히 읽어냈다. 언뜻 보면 '열정'이 그것처럼 보이지만 열정은 차후의 불꽃이다. 사실 내게는 몇 가지의 불티(동기)가 있는데 그것들이 작동하면 미친듯이 불타는(열정) 특성이 있다. 그중 하나가 성취 욕구다. 그러니까 사장님은 '잘해낼 거야'라는 나의 성취 욕구를 방아쇠로 사용한 것이다.

사장님은 아마도 강한 나의 성취 욕구의 구체적인 요인까지 알고 있었을 것이다. 같은 시대를 살아온 많은 사람처럼 나 역시 가난했다. 처음부터 가난했다면 욕구가 덜했을지 모르겠다. 하지만 서울에서 제법 큰 도매유통을 해 상당히 부유했던 가세가 한순간에 기울어 낙향을 했는데, 그 과정에서 사기까지 당한 우리 가족에게 고통은 겹겹으로 닥쳐왔다. 그런 상황에서 장남이었던 나는 생각할 겨를도 없이 집안을 재건해야 한다는 소명이 주어졌다. 내가 잘되어 고생하시는 어머니의 마음을 풀어드려야 한다는 성취욕이 늘 명치끝을 짓누르고 있었다. 한편, 가난한 집 고학벌 장남들이 가지고 있는 콤플렉스도 나의 방아쇠다. 혹여나 내 가난이 탄로 날까 봐 누구에게도 아쉬운 소리를 못 하는 나는 차라리 스스로 채찍질하는 편을 선택했다. 같은 노력으로 되지 않으면 두 배 세 배 노력하는 게 자존심 상하는 것보다 백 배는 나았다. 이런 결핍이 나의 가장 감추고 싶은 약점이자 성취 동기의 방아쇠였다.

나와 같이 모든 사람에게는 이미 자신만의 동기유발 요인이 준비되어 있다. 어린아이가 말이나 걸음마를 누군가의 자극으로 배우는 게 아니다. 삶이라는 현장을 살아가는 모든 사람은 그가 살아가는 이유만큼 다양한 욕구가 있다. 어떤 이는 배우지 못한 것, 어떤 이는 늘 2등이었던 것, 또 어떤 이는 나처럼 가난을 물려주고 싶지 않은 동기가 있다. 그러므로 리더들은 그들에게 억지로 동기부여를 할 필요가 없고 그럴 수도 없다. 자신의 욕구를 먼저 파악하는 것이 오히려 리더다운 행동이다. 부하에게 동기부여를 한답시고 자신의 욕구를 채우는 리더가 허다하기 때문이다. '테스 형'이 말한 진리는 리더십에서도 빛난다. "너 자신을 알라." 나를 알면 남도 보이기 때문이다.

사람을 움직이는 힘

"어떻게 하면 직원들에게 더 열심히 일할 동기를 부여해 높은 성과를 내게 할 것인가?"

이 물음에 경영자와 리더들이 선택한 손쉬운 동기유발 방법은 두 가지였다. 당근과 채찍. 지금껏 리더십에서 금과옥조처럼 떠받들어져 온 방법이 과연 효과적인가? 그렇다고 할 사람도 있을 것이고, 그렇지 않다고 할 사람도 있을 것이다. 나는 두 가지 방법이 모두 유효하다고 생각한다. 다만 당근이나 채찍은 방법에 불과할 뿐 사람을 움직이게 하는 힘은 결국 그 안에 내재된 욕구라는 점이다. 그러므로 우리는 먼저 결핍을 찾아내고 그로부터 발생한 니즈를 알아야 한다.

이것을 알기 위해서는 이미 잘 알려진 미국의 심리학자 매스로 Abraham Maslow의 욕구 5단계설을 참조할 필요가 있다. 내가 굳이 다시 설명하는 이유는 교육적 측면에서 배우기 위함이 아니라 자신의 욕구가 무엇인지 찾아보기 위함이다.

첫 번째, 생리적 욕구다. 기본적인 욕구 단계로 의식주와 같이 인간의 생명을 유지 보존하기 위한 본능적인 측면이 강한데 생존에 대한 두려움이라는 감정이 발동의 원인으로 작동한다. 속담 중에 '목구멍이 포도청이다', '사흘을 굶으면 남의 집 담을 넘는다'라는 말이 잘 표현해주고 있다.

두 번째, 자기 보존의 욕구 단계다. 이 단계는 위험한 환경으로부터 몸과 마음을 보호받고 싶은 안전의 욕구다. 즉, 인간은 의식주가 해결되면 공포와 불안감으로부터 안전이 보장되는 삶을 원한다. 직장에서 동료는 승진하고 잘나가는데 나는 직장이나 직책을 내려놔야 할 때 느끼는 박탈감, 명예퇴직이나 구조조정 등을 당할 때 느끼는 불안감이 대표적이다.

세 번째, 사회적 소속의 욕구 단계다. 이 단계는 자신의 존재를 인정받고 타인과 사회적 관계를 맺고 싶어 하는 욕구 단계로 가족, 친구, 사람들과 사랑을 나누고 싶은 소속과 애정의 욕구다.

네 번째, 인정의 욕구 단계다. 자기 존재 가치를 느끼고 싶은 단계로서 타인으로부터의 인정과 존경을 받고 싶은 욕구가 그것이다. "존경이란 당신의 업적을 통해서 얻는 것이지, 인간이라는 이유만으로 무조건 주어지지 않는다"라고 한 영국 작가 로버트 그린Robert Greene의 말이나 "자신이 받았던 것으로 존경받는 것이 아니라, 자신이 베푼 것에 대한 보답으로 존경을 받는다"라고 한 미국 정치인 캘빈 콜리지Calvin Coolidge의 말이 잘 표현해준다. 우리가 직장에서 밤낮없이 일에 묻혀 살면서 승진하고, 임원이 되고 싶었던 것도 모두 이런 성공, 지위, 명예 등의 욕구가 있기 때문이다.

다섯 번째, 최고의 단계로 자아실현의 욕구다. 자아실현의 욕구는 행복을 실현하는 욕구인데 운동, 독서, 음악감상과 같은 취미 생활이나 재능기부와 봉사활동과 같은 이타적 행위를 통해 느끼는 욕구를 말한다.

"5가지 욕구 단계에서 당신이 찾은 욕구는 무엇인가?"

사실 위 질문은 어리석다. 모든 사람에게는 이 5가지 욕구가 모두 내재되어 있다. 다만 자신이 처한 상황에 따라 욕구에 대한 니즈가 다를 뿐이다. 또한 사람들이 1단계부터 차례로 욕구를 실현하려고 할 것이라는 착각도 하지 말아야 한다. 나 역시 지금도 생존에 대한 두려움부터 봉사활동을 통한 행복을 함께 느끼는 상태다.

당근과 채찍은 결국 독이다

1960년대 말 '자기결정이론Self-determination theory' 창시자이자 심리학자인 에드워드 데시Edward L. Deci 교수가 흥미로운 실험을 하나 내놓았다. 그는 실험 대상을 두 집단으로 나누어 소마Soma라는 재미있는 블록 퍼즐을 풀게 했다. 한쪽 그룹에는 하나를 완성할 때마다 1달러씩 돈을 주기로 했고, 다른 쪽에는 아무런 보상을 하지 않았다. 결과는 뜻밖이었다. 아무 보상 없이 퍼즐 자체를 즐긴 그룹 학생들이 훨씬 많은 흥미를 보였고 몰입도도 높았다. 퍼즐에 몰두하는 시간도 점점 길어졌다. 창의성이나 문제 해결 측면에서도 더 높은 점수를 받았다. 반면 돈을 받은 그룹은 처음엔 퍼즐에 열중했지만, 보상을 없애자 이내 흥미를 잃어버리고 퍼즐하는 시간도 짧아졌다. 돈이라는 보상보다 조건 없이 퍼즐 자체의 즐거움에서 유발된 동기가 더 뛰어난 성과로 이어진다는 것을 입증한 것이다. 이른바 '소마 퍼즐 실험'이다.

이 실험은 앞서 제기한 대로 당근과 채찍이라는 보상책만으로는 동기유발의 한계가 있음을 말해준다. 현장에서는 여전히 보상책을 앞세운 리더십을 발휘하다가 낭패를 보는 리더들이 많다. 특히, 리더가 숫자를 우선시하여 결과를 중시하면 단기적으로는 어느 정도 성과가 나타나겠지만, 그로 인해 자긍심과 행복감을 박탈당한 탓에 단기적인 성과는 흔들리고 조직마저 위태로워진다.

예를 들어 영업관리자가 연말에 뛰어난 실적을 올린 두 명을 우수 영업인으로 선발했다. 그는 이 사람의 동기부여가 매우 잘되어 있다고 뿌듯해할 것이다. 그러나 그 둘의 동기부여는 질적으로 크게 달랐다. 한 사람은 인센티브가 그를 움직이게 했으며, 다른 한 사람은 보험업이 지닌 가치에 자부심을 느껴 최선을 다한 결과였다. 따라서 결과가 같아 보일지라도 서로의 동기부여 관점은 매우 큰 차이가 있는 것이다. 이 둘은 앞으로 어떻게 될까? 인센티브라는 동기를 가진 사람은 그 조건이 사라지면 더는 열심히 할 이유를 찾지 못해 소극적인 자세를 취하게 되거나 더 좋은 조건을 찾아 떠나게 될 것이다. 그러나 자기 스스로 찾아낸 일의 가치와 자부심으로 움직인 다른 한 사람은 회사의 기둥으로 성장할 것이다.

기존 리더십의 단선적인 보상책이 가진 한계를 보완하는 데에는 리더십과 동기유발 권위자인 수전 파울러^{Susan Fowler}*의 견해가 많은 도움을 준다. 그는 압박과 강요와 같은 '채찍'은 물론이고, 승진, 인센티브와 같은 '당근'도 장기적으로 독이 되므로 긍정적 동기유발을 이끌어내기 위해서는 모든 사람의 근원적 욕구인 자율성, 관계 맺기, 역량 욕구에 주목하라고 말한다.

먼저, 자율성 욕구 존중이 중요하다. 모든 사람은 스스로 선택해서 자기 의지에 따라 일을 하며 그 일의 주인공은 자신이라는 존재감을 가지고 싶어 하는 욕구다. 예를 들어 일방적으로 목표를 정해놓고 달성하라는 압박보다는 스스로 세운 목표를 달성하기 위한 구체적인 계획을 세우게 하고 그 계획 수립부터 달성에 이르기까지 필요한 지원과 정보를 제공하는 방식이 좋다. 이때 불필요한 경쟁을 유도하거나 과도한 인센티브를 제공하지 않도록 유의해야 한다.

두 번째, 관계 맺기 욕구는 누군가에게 보살핌을 받고 자신 또한 누군가를 보살펴주고 싶어 하는 욕구를 말한다. 감정을 가진 사람은 직장에서도 좋은 사람들과 좋은 관계를 맺고, 그들과 함께 뭔가 중요하고 의미 있는 일에 기여하고 있다는 느낌을 받고자 하는 욕구가 있다. 그러므로 리더는 직원들이 직장에서 의미를 찾고 중요한 목적에 기여하고 건강한 대인관계를 갖도록 도와야 한다. 그들의 감정과 생각에 관심을 가지고 항상 그들이 느끼고 생각하는 바를 자유롭게 표현하도록 해야 한다. 상사가 부하들 감정은 아랑곳하지 않은 채 성과

---

* 켄블랜차드 컴퍼니 시니어 컨설턴트 겸 샌디에이고대학 교수

에 맞춰 압박만 가한다면 직원들은 그가 자신의 성과를 챙기려고 하는 이기적인 행동이라고 여기게 되어 궁극적으로 성과에도 악영향을 주게 된다.

세 번째, 역량 욕구는 직장생활에서 점점 자신이 더 많은 것을 배우고 발전하며 성장한다는 느낌을 받고자 하는 것이다. 일생 중 상당한 시간을 보내는 직장에서 자신이 점점 퇴보하고 소모만 될 뿐 배우는 것이 없다고 느낀다면 그는 퇴사를 심각하게 고민하게 될 것이다. 그러므로 리더는 직원 교육에 공을 들여 그들이 배우고 성장할 수 있도록 도와야 한다. 그들이 '오늘 성과가 어땠느냐?'보다 그들이 '오늘 업무를 통해 얼마나 성장했는가?'에 초점을 맞추는 것이 리더의 역할이다.

평가는 공정하게 보상은 합당하게

전 GE CEO 제프리 이멜트는 보상Compensation에는 '머리Head, 가슴Heart, 지갑Wallet이 병행되어야 한다'고 강조했다. 이는 수전 파울러 교수가 제안한 '자율성, 관계 맺기, 역량' 욕구에 당근과 채찍으로 대변되는 기존의 보상책까지를 명쾌하게 정리해준다. 즉, 머리는 학습 기회를 제공해 역량 욕구를 충족해주는 것이고, 가슴은 회사와 일에 대한 열정을 가지게 하는 자율성과 관계 맺기 욕구 충족을 의미하며, 지갑은 금전적인 보상을 뜻한다.

그런데 간단해 보이는 이멜트의 말을 현실에서 실행하기는 여간 어려운 게 아니다. 구성원이 이룬 성과를 측정하여 그에 합당한 보상을 하는 데에는 필연적으로 모두가 만족할 만한 공정한 평가가 뒤따라야 한다. 모두가 만족하는 공정한 평가와 함께 가능한 한 많은 구성원이 수긍하는 보상을 어떻게 실현하느냐가 관건이다. 그러므로 평가자는 평가 시 일어날 수 있는 다음과 같은 오류를 인지하고 예방하는 것이 필수다.

① **현혹 효과** 피고과자에 대해 우수하다는 인상을 가지면 다른 특성 역시 우수한 것으로 평가해버리는 경향, 또는 반대 경우에 예방하는 방법은 피고과자에 대한 선입관, 편견을 버린다. 그리고 사실에 입각한 분석적인 평가를 한다. 따라서 각종 객관적인 평가 자료를 준비해야 한다.

② **관대한 경향** 특정한 특성에 대해 실제 이상으로 평가하는 경향으로 이를 예방하기 위해서는 구체적인 사실에 입각해서 평가하고, 구체적이고 객관적인 평가 요소에 따라 평가한다. 사적인 관계의 감정을 버려야 한다.

③ **중심화 경향** 평가 점수가 중앙에 집중되어 우열의 차이가 없는 경향으로 예방책은 평가자에 대한 인사고과의 구조, 평가 요소와 방법을 이해시켜야 한다. 또한 분포 제한을

해야 한다. 예를 들어, A는 15 ~ 20%, B는 40 ~ 45%, C는 15
~ 20%, D는 15 ~ 20%와 같이 제한을 두는 편이 좋다.

④ **논리적 오류** 평가자 스스로 관련이 있다고 생각한 평가
요소에 동일하거나 유사한 평가를 하는 경향으로 추상적
인 평가 요소를 정비하고 평가 요소의 정의를 명확히 해야
한다.

⑤ **근접오류** 피평가자의 과거 성과나 행동보다 최근 일어난
일에 더 많은 영향을 받음으로서 범하는 오류로 고과표 설
계에 유사한 요소를 가능한 한 간격을 두어 배열해야 한다.
평가 요소별로 하나씩 피고과자를 평가해야 한다. 평가 요
소에 대해 이해시킨다.

⑥ **대비 오류** 자신이 지닌 특성과 비교해서 평가하는 오류
로서 자신의 평가 기준을 고집하는 자기식 평가를 삼가고,
자기 신고서나 자기 평가서 등을 도입하여 기입한 자료를
토대로 자기 자신의 평가 오차를 발견하여 그 요인을 규명
해야 한다.

이와 같이 공정한 평가가 이루어지면 다음으로 공정한 보상이 뒤따
라야 하는데 이를 위해서는 6가지 원칙을 항상 기억하여 실행해야 한다.

원칙 1 평가와 목표를 일치시켜라.

원칙 2 향상된 만큼 보상하라.

원칙 3 한 가지 성과지표로 통일하라.

원칙 4 상한선을 두지 말아라.

원칙 5 장기적인 관점을 유지하라.

원칙 6 성과와 보상 간에 인간관계를 명확히 하라.

리더의 액션
평가와 보상 기준 개선

현재의 평가제도는 객관적인 데이터에 의해 개인별 업적 및 역량 평가가 이루어져 투명성이 많이 향상되고 있지만, 아직도 평가에 대한 불만과 문제는 빈번하게 발생하고 있는 것이 현실이다. 평가 결과에 따라 직장인에게는 가장 민감한 연봉과 승진이 결정되기 때문이다. 그러므로 평가의 투명성 향상을 위해 개인별 명확한 핵심성과지표(KPI)를 반기 초에 공유하고 이를 잣대로 수시로 피드백하여 최종 결과를 상호 간에 납득할 수 있도록 해야 한다. 이때도 주기적으로 중간 평가를 해서 평가 자료를 축적해놓거나, 사전 면담을 통해 평가에 대한 신뢰감을 형성해두면 도움이 된다. 또한 팀원 간 평가 항목 지표 설정을 공식화하여 팀 내 다면 평가를 도입하는 것도 좋은 대안이 될 수 있다.

평가에 따라 승진 여부와 연봉 액수가 달라지는 것도 예민하지만 조직원에게는 승진으로 역량에 대한 인정과 노력에 대한 합당한 대가를 받았다는 만족감을 확인하는 계기가 되기 때문에 중요한 것이다. 그런데 실상은 이처럼 중요한 평가와 보상 기준이 불명확하고 전체 임직원들과 잘 공유되지 않는다. 늘 승진 대상자는 많은데 승진 기회는 적은 현실에서 평가자의 평가에 대한 시각 차이까지 있을 때는 더욱 힘들어진다. 그때그때 상황 논리가 만들어내고, 사업부장이 임의로 결정하면 조직의 불신은 불을 보듯 뻔하다. 당연히 리더십 발휘가 안 된다. 이럴 경우 나는 업무 외적인 불필요한 요소를 모두 없애고 조직에 꼭 필요한 요소들로 세부 기준을 만들어 공지했다. 이러한 기준은 당연히 단장 및 스태프들과 공유를 통해 만들어야 전체 조직에 파급된다. 현장에 전파된 평가 기준은 곧바로 위력을 발휘했다. 대상자는 승격과 승진에 필요한 영역에 대해 자신이 부족한 점을 인지하고 보완하기 위해 노력하기 시작했고, 평가자는 그동안 평가 오류를 바로잡고 공정한 평가가 이루어지도록 노력했다.

리더십 액션 가이드

- 업무 성과를 객관적으로 평가하는 방법을 익혀라.
- 구성원에게 공정한 평가 기준을 제시하고, 업무 성과를 정기적으로 피드백하라.
- 업무 결과뿐만이 아닌, 과정이나 노력도 함께 평가하라.
- 구성원에 대한 칭찬과 격려를 위한 이벤트를 적극 활용하라.
- 구성원의 성취 역량에 대해 높은 기대감을 표시하고, 부정적인 일보다는 긍정적인 일에 더 많은 관심을 기울여라.
- 구성원의 특성 및 성향에 따라 동기부여 방법을 사용하라.
- 정기적인 면담을 통해 업무상 또는 개인적인 고충을 지속적으로 파악하라.
- 구성원들이 추진하고 있는 업무에 관심과 신뢰를 보여라.
- 구성원의 실수에 대해 단순한 질책보다는 구체적인 대안을 제시하여 동일한 실수를 반복하지 않도록 하라.
- 구성원들 간에 건설적인 피드백이 허용되는 분위기를 조성하라.

2부

리더십 액션 2

뛰는 만큼 조직을 더 성장시키는 힘

8장

지속성장

리더십 파이프라인 구축

"형! 우리 회장님과 회의만 하고 나오면 내가 대리가 된 기분이야."

제법 큰 중견기업 사업본부장인 후배가 저녁 식사 자리에서 한숨과 함께 내뱉은 하소연이다. 1조 원대의 기업을 일군 그 회장은 지금도 창업 초기에 온갖 것들을 챙기던 버릇이 남아 마치 과장처럼 구매, 영업, 마케팅, 재무, 회계 할 것 없이 모든 부문의 구체적인 것들까지 보고를 받고 하나하나 지적한다고 한다. 사실 이런 현상은 내가 아는 한 자수성가한 거의 모든 오너들의 특징이기도 하다.

"그럼 회장님은 과장 하라고 하고 네가 부장해라."

조크로 위안을 주고자 했지만, 우리나라 기업 조직의 실상을 알기에 쓸쓸했다.

'리더의 크기만큼 조직은 커진다'라는 말은 진리에 가깝다. 오너가 창업하기 전 직급이 대리였다면 그는 대리급 사장이, 그 이상의 직급인 과장, 부장 등을 경험했다면 그 경험만큼이 오너의 리더 역할일 가능성이 크다. 리더로서의 경험은 그만큼만 경험했을 뿐이기 때문이다. 창업은 순전히 오너의 집념과 욕망과 역량의 총합이 성공 여부를 판가름한다. 그런데 문제는 매출이 늘어나고 조직이 커진 다음 리더십 발휘가 필요한 시점이다. 개인의 역량만으로 감당하지 못하는 상황이 되면 기업은 휘청거린다. 성공가도를 달리던 대부분의 창업 기업들이 이쯤에서 실패를 맛보게 되는 것은 그런 이유다. 그럼 해법은 없는가? 당연히 있다.

지속 성장을 만드는 파이프

사람은 보는 대로 성장하는 존재다. 성품은 집안 내력을 닮고, 업무 태도는 처음 입사한 조직을 대부분 벗어나지 못한다. 그렇다고 해도 선입견 없이 사람을 봐야 하지만 반듯하고 스마트한 사람을 보면 '아하'라는 생각이 들곤 하는 건 어쩔 수 없는 현실이다.

그런데 사람은 학습하는 존재이기도 하다. 많지 않지만 소위 흙수저였던 사람이 눈부신 성공을 보여주기도 한다. 이렇게 성공한 그들이 남다른 노력을 했을 거라는 건 쉽게 짐작이 간다. 그런데 과연 그의 개인적인 노력만으로 그의 성공을 설명할 수 있을까? 경험상 이런 사람들에게는 특별한 계기가 있다. 그들이 가진 동기에 불을 붙이고 열정을 쏟을 수 있도록 이끌어 준 사람이 그에게 새로운 학습 기회를 부여했을 것이다. 그런 기회를 가진 그는 자신이 가지고 있던 원래의 모습을 과감히 탈피하고 새로운 학습으로 더 나은 자신을 만들어낸 것이다.

이런 경우를 기업 조직에서 실현할 수 있으면 어떨까? 위에서 보여 준 사례와 같은 기업에서 학습으로 개인의 능력을 향상시키고 각자의 직급에 합당한 리더십 역할을 배양할 수 있다면 지속 성장의 가능성은 얼마든지 열려 있다.

나는 다행히 이렇게 새로운 학습 기회를 가질 수 있는 좋은 조직에서 성장할 수 있었다.

2005년쯤으로 기억된다. 상사였던 인력개발원 부원장이 나를 부르더니 『리더십 파이프라인』이라는 책을 주면서 "자네가 우리 삼성의 리더십 파이프라인을 한 번 만들어 봐."라고 하는 것이었다. 당시 세계 최강 조직이라는 평가를 받고 있던 GE에서 적용해 성과가 검증되자 선진기업들이 관심을 가지던 체계적 리더 양성 및 차세대 승계를 위한 모델이었다. 이후 동료들과 최선을 다해 '삼성형 리더십 파이프라인' 체계부터 모델, 역량, 프로그램까지를 만들었다. 사원부터 CEO까지 단계마다 직책별 리더에게 요구되는 역할과 필요 능력을 제시하고, 구성원에게 필요한 역량을 사전에 준비할 수 있도록 방향을 제시하는 프로그램이다. 리더십 파이프라인의 3대 요소는 업무 가치, 전문지식 및 기술, 시간관리 능력으로 구분할 수 있으며, 이 세 가지 요소는 해당 직책에서의 업무를 성공적으로 수행하기 위해 유기적으로 연계되도록 설계되어 있다. 즉, 직책별 업무 가치인 임무와 역할을 명확히 인식하고, 성공적으로 임무와 역할을 수행할 전문지식 또는 핵심 역량을 가지고, 해당 직책 수행을 위한 적절한 시간을 배분하여 역할을 수행하는 것이다.

업무가치|Work Value 해당 직책에서 요구되는 임무와 역할

전문지식|Skill Requirement 역할 수행을 위해 필수적으로 알고, 갖추어야 하는
　　　　　　　지식 및 기술

시간관리|Time Application 해당 직책의 역할 수행을 위해 어떤 부분에 어느 정도의
　　　　　　　시간을 안배해야 하는지에 대한 가이드

'삼성형 리더십 파이프라인'은 셀프 리더, 파트·그룹 리더, 팀 리더, 사업 리더, CEO 등 다섯 단계로 규정하고, 이에 따른 각 리더의 역할 및 필요역량을 정립하여 추진하고 있다.

① 셀프 리더

실무를 담당하며, 업무에 대한 열정을 바탕으로 끊임없이
전문성을 개발하고 새로운 시각으로 창의적인 문제 해결을
해나가며 향후 리더로서의 성장을 준비하는 단계.
필요 역량 자기관리 능력, 전문 능력 및 창의적인 사고 능력

② 파트 · 그룹 리더

소규모 조직 내에서 부하직원에 대한 동기부여, 효과적인 코칭을 통한 후배 지도, 적절한 업무 배분 및 관리를 통해 조직의 성과를 촉진하는 역할.

필요 역량 동기부여 능력, 부하육성 능력, 업무관리 능력, 성과창출 능력

③ 팀 리더

팀단위 조직의 장으로서 파트 · 그룹 리더에게 적절한 권한 위임을 통해 자발적인 업무수행을 유도하고 신속한 의사결정을 통해 역량을 집중하며, 끊임없는 변화 추진으로 고성과 팀을 구축하는 역할.

필요 역량 팀워크 구축 능력, 권한위임 능력, 실행력, 변화관리 능력

④ 사업 리더

사업부를 관리하며 지속적인 경쟁력 제고를 위해 조직의 전략 방향을 명확히 수립하고, 사업부 내외부의 자원을 적절히 배분하고 활용하며, 끊임없는 신사업 개발을 통해 사업의 성과를 창출하는 역할.

필요 역량 전략경영 능력, 자원활용 능력, 신사업발굴 능력

⑤ CEO

회사를 관리하며 장기적인 관점에서 회사의 나아갈 방향을 명확히 하여 임직원과 공유하고, 비전 달성을 위한 핵심 인력을 발굴하고 활용하며, 글로벌 경영환경에서 사업기회를 찾아내는 등 기업의 지속적인 성장을 위한 토대를 구축하는 역할.

필요 역량 비전제시 능력, 인재발굴 능력, 기업가적 통찰력

리더의 액션 1
리더십 파이프라인 구축

CEO가 사업부장처럼 조직을 관리하고, 사업부장이 지역단장이나 지점장의 일을 챙겨 임 대리라는 별명으로 불리는 경우는 대기업 조직에서도 비일비재하다. 그런가 하면 대리가 CEO가 해야 할 회사의 비전과 미래 먹거리를 걱정하면서 자신이 해야 할 영업은 등한시하는 웃지 못할 상황도 있다. 이런 조직은 조직이 아니다.

그룹에는 '삼성형 리더십 파이프라인' 체계에 근거하여 직책별 역할과 책임이 만들어져 작동하고 있는데, 사업부 현장에까지는 전파가 안 되어 있었다. 사업부장은 단장에게, 단장은 지점장에게 조직의 성과 달성을 위한 매출 결과 중심의 피드백이 거의 전부였다. 그런 상황에서 단장들에게 "당신들 R/R$^{Role \& Responsibility}$이 뭐예요?"라는 질문을 던

졌다. 그러자 그들은 마치 처음 듣는 용어인 것처럼 생소해했다. 리더라면 조직을 장악하고 업무를 챙기기 위해 가장 먼저 직책별, 업무별 R/R를 챙기는 것인데 대부분 해보지 않았던 것이다. 그들은 그동안 자신들의 R/R를 매출 결과 즉 아웃풋^{Out Put} 중심으로 챙겨왔던 것 같다. 기존 단장들이 이러하니 신규 보직을 받은 단장들도 단장으로서의 필요 역량을 숙지하지 못하고 지점장 시절에 하던 대로 매출에 매여 영업현장을 챙기는 정도였다. 물론 매일 매출로 등수가 정해지고 평가받다 보니 그럴 수도 있지만, 리더가 아닌 매출을 올리는 기술자의 모습으로는 오래가지 못한다는 것을 나는 안다. 상황이 이렇다 보니 리더십에서 매출 관리보다 중요한 사람 관리와 조직 관리가 제대로 이루어지지 않고 있었다. 모든 구성원이 각자의 역할과 책임을 인지하고 실행하는 리더십 파이프라인이 뻥 뚫려야 조직이 성과를 내고 건강해진다는 학습이 시급했다. 그래서 R/R부터 구체적으로 정립하였다.

그리고 사업부장 바로 밑에 있는 지역단장의 R/R과 지점장의 R/R를 정립하여 리더십 파이프라인을 구축해갔다.

사업부장의 역할과 책임

❶ 회사의 경영성과 창출을 위한 영업 현장 총괄

❷ 영업 관리의 성장과 성공을 위한 인재 양성

❸ RC에게 소속감과 성취감 부여로 꿈과 비전을 실현

❹ 건강하고 행복한 영업 및 조직 문화 구축

사업부장 R/R 실천을 위한 4대 전략

❶ 오픈 이노베이션Open Innovation 활성화로 집단지성 추구

❷ 정보의 공유 및 정보의 재생산

❸ 조직 이기주의 타파를 위한 초월화 가속화

❹ 고차원 욕구 만족을 위한 다양한 시상 전개

이러한 패러다임에 대응하는 전략으로는 첫 번째, 집단지성을 통한 주체적이고 자율적인 영업 생태계 구축이었다. 그 세부 실천 방안으로는 포털 등 플랫폼을 활용한 영업 스킬, 판매 화법, 고객관리 등 지식을 공유함으로써 판매 조직 영업 노하우의 상향 평준화를 만들고 지점장, 신인/고능률 RC, 총무, 지역단장 등 다양한 계층의 BP 사례를 발굴하고 실시간 공유하여 이를 업무에 적용해 매출 증대에 기여하는 선순환 구조를 만들어 운영하는 것이다.

두 번째, 직급, 직책을 초월한 상호 학습하는 생태계를 만들어서 직급에 상관없이 판매 필살기, 고객관리 기법, 상품 지식 등을 서로 가르치고 배우는 것이다. 기존 교육 패러다임은 외부 전문가를 대부분을 초청하였으나, 사업부 교육에서는 그 분야의 전문가인 분들을 모셔다가 그 들의 노하우를 직접 전수받고 지역단 별로 학습을 통해 상호 필살기를 전수하는 생태계를 만드는 것이다. 자신의 노하우와 필살기를 남 앞에서 전수하는 과정을 통해 그들은 성취감을 느끼고 보람도 갖게 된다. 호남사업부에서 실행한 모든 사람이 누구든 강사가 되어 인기 스타가 될 수 있는 이런 프로그램은 다른 사업부는 물론 전

문가들도 부러워했다.

세 번째, 품격 있는 영업 문화 구축을 위해서 현장 니즈를 사전에 철저히 파악하여 '먹고, 마시고, 놀고, 보는 시책'에서 와인, 뮤지컬, 오페라, 연극, 문화 유적지 탐방 등 '가치 추구형' 시책으로 방향을 바꾸어 운영하는 것이었다. 현장에서 이러한 시도는 매우 긍정적인 효과를 가져왔다. 설계사들에게는 기초소득에서 정착과 안정 그리고 소속감 고취를 갖도록 하는 단계별 욕구 충전을 위한 지속적인 동기부여 방법을 강구했다.

네 번째, 현장과 함께 호흡하고 발전하는 사업부장이 되고자 했다. 설계사들이 점심과 저녁은 고객들과 함께하는 경우가 많은 점을 참고하여 새벽에 도시락을 준비해 전 지점을 돌며 아침 조찬 미팅을 했다. 또한 철저하게 현장에서 진정성 있게 성과를 창출한 인력에 대해서는 보상을 확실히 해서 묵묵히 일하는 사람이 대접받도록 했다. 고능률 설계사들과 지속적인 소통을 통해 회사 경영에 조언할 수 있도록 했고 꿈 작성하기, 감사일기 쓰기 등 다양한 소통 채널을 발굴하여 현장과 소통하고 문화를 만들어나갔다.

리더의 액션 2

"나는 리더인가 기술자인가?"

"나는 리더인가 기술자인가?" 이 질문에 대한 해답을 정리하는 것이 각 직책의 R/R과 필요 역량이다. 지역단장의 역할과 책임은 매출을 올리는 기술자가 아니라 '지속적이고 다양한 동기부여를 통해 활력 있는 조직을 만들고 매출 증대뿐만 아니라 지역단의 종합적인 성과를 창출하는 현장 완결형 리더'여야 하는 것이다.

매출 확대

- 전략 수립/실행
    - 지역단 현황 분석 기반의 영업 전략 수립
    - 지점별 목표 수립 및 강약점 분석
    - 회사 전략 Align 및 제도변화 대응 및 적용
- 매출 관리
    - 지점별 매출 주요 지표 및 시장 진척관리
    - 주차별 지역단 운영전략 및 시상 운영
    - 결과 문제에 따른 문제점 도출 및 개선방안 수립
- 효율 관리
    - 유지율, 계속분 등 주요 지표 관리
    - 해지/실효 계약관리, 해촉 및 이탈 RC 관리
    - 민원 및 VOC 관리

조직 확대 및 조직관리도 영역별 세분화하고 실천 항목까지 도출하여 지역단장의 역할을 체계적이고 구체적으로 수행하도록 했다.

지역단장은 업적 평가는 매출 결과에 의해 객관적으로 평가되고 있지만, 관리자를 넘어 조직을 혁신하고 후배를 양성하는 리더로 양성하기 위해 아래와 같이 단장 역량과 관련하여 정리하였다. 단장들이 주어진 역할을 잘 수행하기 위해 필요한 역량을 제시하여 그들이 성장할 수 있도록 하고 공정한 역량 평가가 될 수 있도록 사전에 공지했다.

지역단장의 필요 역량

❶ 지역단장의 역할을 주도적으로 책임지고 성과를 내는가?

❷ 현장에서 발생하는 문제를 사전에 예측하여, 합리적이면서 자체적으로 해결하는가?

❸ 매출 증대를 위해 상품, 마케팅, 시책 등을 직접 기획하고 실행하는가?

❹ 주어진 영업 환경에서 집요하고 끈질기게 마지막까지 성과를 창출하기 위해 노력하는가?

❺ 조직 발전을 위해 위험감행Risk Taking을 통해 새롭게 도전하고 실행하는가?

❻ 기존 성과 유지를 넘어 조직을 변화시키고 개선시키는가?

❼ 건전한 조직문화, 영업 생태계를 만들기 위해 진정성을 가지고 노력하는가?

❽ 상사 및 동료 간 신뢰 구축을 통해 회사 발전에 기여하는가?

❾ 부하직원의 성장을 위해 코칭 및 멘토링을 주기적으로 실시하는가?

❿ 모범이 되도록 솔선수범하고 자기관리를 철저히 하는가?

한편 지점장의 R/R은 '신속하고 치밀하게 상품지식, 판매기법을 학습하고 지속적인 도입 및 일일 활동을 실시하여 주어진 매출 목표를 초과 달성하는 현장 최일선 책임자'로 정의하고 매출 관리를 위하여 목표 달성 활동, 운영비 배분 활용, 시장관리, 고객만족 판매, 마케팅 지표관리를 수행토록 했다. 조직관리를 위해 기존 RC 관리, 신인 RC 도입 및 육성, 조직활성화 활동, 교육 및 훈련의 대분류 업무를 수행하도록 했다.

또한 총무의 R/R는 '지점의 내부 행정 제반 업무수행을 통해 영업 활동을 지원하고 계약의 유지 관리 및 효율을 관리하여 영업에 따른 수익을 극대화하며, 지점의 살림을 맡아 운영하는 행정지원 실무자'로 정의하고 ① 행정업무 ② 효율관리 ③ 매출관리 ④ 기타 업무로 구분하여 총 54개 업무 세부 업무 영역으로 정리했다.

영업관리자들은 자신이 책임져야 할 부분이 매출뿐만 아니라 후배 양성, 조직관리 등 디테일한 부분까지도 있다는 것을 알게 되어 업무가 보다 구체화되었다.

사업부 스태프들도 업무별 자신의 R/R를 정리하다 보니 미처 생각하지 못한 영역들을 발견하고 본인들이 챙겨야 할 일들을 명확히 인식하는 계기가 되었다. 특히 텍사스 존Texas Zone이라는 업무 공백 부분이 줄어들었고 불필요한 업무 전가로 인한 논쟁이 줄어든 효과는 덤이었다. 이러한 R/R 작업을 통해 정확하게 자신의 업무를 파악하면서 동시에 일에 대한 책임감 그리고 자신의 일만큼은 열심히 해서 사업부의 성과에 누를 끼쳐서는 안 된다는 주인의식도 높아졌다.

이렇게 '리더십 파이프라인'을 구축한 나는 전체 지점장 회의를 통해 사업부장, 단장, 지점장, 총무의 직책별 R/R를 세부적으로 공유하고 내가 강조하던 '氣-UP' 조직문화 및 영업문화 조성을 주문했다. 조직에 리더십 파이프라인이 정상 작동하면서는 사업부에 신바람 나는 영업 분위기가 조성되었다.

리더십 액션 가이드

- 조직의 특성을 감안한 리더십 파이프라인 체계를 구축하라.

- 리더 자신의 역할과 책임을 구체적으로 정리하고 솔선수범하라.

- 직책별 역할과 책임을 규명하고 필요역량을 정립하라.

- 스태프들의 업무별 역할과 책임을 규명하고 필요역량을 정립하라.

- 조직의 리더십 체계와 직책 및 업무별 R/R과 실천사항을 전체 구성원들과
  공유하라.

- 직책별, 업무별 R/R 및 실천 항목을 가지고 후배들과 소통하고 피드백하라.

- 투입^{Input}, 프로세스^{Process}, 결과^{Output}, 맥락^{Context}을 반영한 입체적인 R/R를
  작성하라.

- 직책 및 업무별 R/R 작성 시 업무 공백$^{Texas Zone}$이 없도록 하라.

- 역할과 책임의 수행 정도와 필요 역량 함양 정도를 평가와 연계해서
  실행력을 높여라.

- 직책별, 업무별 역할과 책임을 성공적으로 수행한 구성원들을 선발하여
  보상하고 모범 실무^{BP} 사례를 공유하라.

9장

부하육성

특성별 맞춤형 코칭과 육성

2016년 경영자총연합회가 조사한 결과에 따르면 신입사원 중 80%가 이직을 고민하고 있다고 한다. 그 가운데 27.7%는 실제로 이직을 했다. 그런데 바늘구멍보다 작다는 취업의 관문을 통과한 그들이 왜 이직을 하는 걸까? '연봉이 적어서'라는 이유일 것 같은데 88%는 의외로 돈과 관련 없는 이슈였다. 직무가 자신의 역량과 맞지 않아서, 직무가 기대에 못 미쳐서 등과 같은 직무와 관련한 이유가 절반 이상을 차지했고, 코칭과 피드백이 부실해서, 성장과 개발 니즈가 충족되지 않아서와 같은 학습과 배움의 욕구를 충족시켜주지 못한 점을 꼽았다. 한편 2020년 4월에 발표된 자료는 더욱 흥미롭다. 잡코리아와 알바몬이 공동으로 실시한 '차마 밝힐 수 없었던 퇴사 사유'에 관한 결과가 모든 일간지에 실렸다. 이 설문조사 결과에 따르면 퇴사를 경험한 직장인 절반 이상(52.1%)이 정확한 사유를 밝히지 않고 퇴사를 했는데 대부분 '일신상의 사유'라는 두루뭉술한 이유를 댄다고 한다. 그럼 진짜 이유는 무엇이었을까?

그들은 차마 말하지 못한 퇴사사유 1위로 '직장 내 갑질 등 상사, 동료와의 갈등'을 꼽았다. 회사의 기업문화와 조직문화가 나와 맞지 않아서, 너무 많은 업무량으로 지켜지지 않는 워라밸, 기대에 못 미치는 복리후생, 적성에 맞지 않는 직무 등이 뒤를 이었다.

이 두 가지 조사를 통해 알 수 있는 그들이 회사를 떠나는 이유는 재능과 적성을 무시하고 '하라면 해'라는 식의 폐쇄적인 조직문화와 부하육성을 등한시하는 상사(리더)의 문제를 적나라하게 보여주고 있다. 결국 그들은 회사를 떠나는 게 아니라 상사를 떠나는 것이다.

부하직원은 상사의 등을 보고 걷는다

그럼 왜 상사는 부하육성에 소홀할까? 무능력해서, 게을러서, 일이 너무 많아서 등 핑계는 많다. 그런데 안타깝게도 '후배를 경쟁자'로 생각하는 사람들이 의외로 많다. 회사를 제로섬 게임의 장이라고 잘못 알고 있기 때문이다. 그러나 회사는 제로섬 게임이 아니고 얼마든지 함께 성장할 수 있는 곳이다. 부하를 성장시키는 게 자기에게도 도움이 된다는 사실을 알아야 한다. 내게 가장 존경하는 상사의 스타일을 꼽으라면 단연코 공은 부하에게 넘기고 책임은 상사인 자기가 지는 '공부 책상'형이다. 자신의 공을 가로채는 상사에게 충성할 부하는 없다. 부하는 바보가 아니다. 자신을 사랑하고 인정해주는 사람에게 기꺼이 마음을 바친다.

흔히 리더의 종류를 '똑부(똑똑하고 부지런한 리더)', '멍부(멍청한데 부지런한 리더)', '똑게(똑똑하고 게으른 리더)', '멍게(멍청하고 게으른 리더)'로 분류한다.

조직에서 가장 위험한 리더형은 '멍부' 스타일이다. 멍청한 리더가 엄청 부지런하기까지 하면 조직은 속수무책이다. 뒤에 천길 폭포가 있는 줄도 모르고 뱃머리에서 부하들에게 전속력으로 노를 저으라고 고함을 지르는 선장과 같다.

'멍게' 스타일은 조직을 서서히 망하게 한다. 능력이 부족한 그는 업무 장악이 안 될 뿐만 아니라 부하들도 따르지 않는다. 그래서 그가 선택한 것은 상사에게 아부하거나 가까운 부하를 주변에 포진해놓고 자신을 보호하려고 한다. 즉 일은 안 하고 사내 정치에 집중하는 경우다. 정치가 인사에 영향을 미치기 시작하면 조직은 망조에 들어간다. 인사철에 '왜 저 사람이 승진되었지?'라는 의구심이 들면 그 인사는 이미 정치적인 인사다. 이런 현실은 의외로 많다.

가장 이상적인 리더는 '똑게'다. 그런 리더는 똑똑해서 조직의 비전과 업무의 큰 방향만을 챙기고 나머지는 실무진이 알아서 처리할 수 있도록 한다. 이들은 부하직원 육성에 공을 들여 실무에서는 손을 떼고 자신은 회사의 전략적 업무를 수행하고 조직의 미래를 설계하는 대외업무에 집중함으로 보다 큰 그림을 그린다. 당연히 그가 회사의 중역으로 성장하게 되므로 이런 리더에게 육성받은 부하의 앞날 또한 탄탄대로다. 장성한 아들을 앞세우고 가는 아버지의 발걸음이 당당하듯 능력 있는 부하를 앞세우는 상사의 앞날은 빛난다. 그런데 똑똑하면서 부지런한 '똑부' 스타일은 피곤하다. '똑게'와 '똑부'의 가장 큰 차이점은 실무를 직접 하느냐 부하를 통해서 하느냐에 달렸다. '똑게' 스타일이 부하직원이 실행하는 일을 점검하며 피드백과 코칭을 하는데 '똑부' 스타일은 실무자가 한 일에 대해 미주알고주알 훈수를 두면서 왜 자신만큼 하지 못했느냐고 트집을 잡고 타박하기 일쑤다. 그래서 이런 상사와 일하는 부하들은 죽어난다. 이직을 꿈꾸는 사람이 있다면 그는 이런 상사와 일하고 있는 사람일 개연성이 크다.

부하육성은 이런 사람에게 필요하다. 자신 또한 자신의 리더로부터 육성을 받아 '똑게'로 성장을 해야 한다.

그들의 잠재능력을 일깨워 '똑게' 리더로 양성하게 되면 본인의 성장은 물론 조직은 더 크게 성장한다. 이는 앞서 살펴본 리더십 파이프라인의 정상가동을 의미한다. 그러나 일은 대충 대충하고 상사에게 눈도장이나 찍으려고 하는 사람이나 돌격 앞으로를 외치는 사람들은 육성의 대상에서 열외시키는 것이 좋다(사실 이들이 승진했다는 것이 잘못된 인사다.) 기업에서 가장 큰 투자는 결국 사람인데 투자에는 늘 '가성비'가 따르는 법이다.

리더의 코칭법

진정한 리더에게는 묵묵히 일하면서 성과를 내기 위해 최선을 다하는 인재를 발굴하여 육성해야 하는 본연의 임무가 있다. 리더가 연봉이 많은 이유는 후배들을 발굴하고 육성시키는 임무가 포함되어 있기 때문이다. 그러므로 리더는 자신을 위해 리더십을 발휘해야 한다.

후배 육성의 핵심은 '코칭'이다. 조직의 성과 향상을 위해 부하직원의 업무수행 능력을 계획적이고 지속적으로 끌어올리기 위한 일련의 활동이라는 개념의 코칭은 방법론이기도 하다. 코칭은 부하직원을 육성하기 위해서도 필요하지만, 궁극적으로 리더로서 조직의 목표를 달성하는 데에도 도움이 된다. 팀원들이 적절한 능력 수준에 도달함으로써 리더의 업무처리가 더욱 쉬워질 수 있기 때문이다.

사람들은 누구나 자신만의 가치관 그리고 행동 양식이 있다. 그리고 각자의 재능과 능력 그리고 관심 분야도 모두 다르다. 그들의 가치관과 재능 그리고 행동 양식을 인정하고 존중할 때 일과 조직에 대한 몰입이 높아진다. 그러므로 후배 육성은 각각의 수준에 맞는 리더십 발휘가 필요하다. 이러한 리더의 역할은 허쉬와 브랜차드Hersey&Blanchard의 리더십 상황 이론에서도 강조하고 있다. 리더십 상황 이론은 부하직원의 역량 즉 성숙도에 따라서 리더의 리더십 형태가 달라져야 한다고 제안한다. 이 이론에서는 리더십 스타일을 과업지향과 관계지향의 두 축으로 구분하였으며, 구성원들의 성숙도에 따라 네 가지 리더십 상황을 구분하고 있다. 여기에서 성숙도란 구성원들의 성취지향,

일에 대한 책임감, 업무와 관계되어 가지고 있는 구성원들의 능력과 경험 등의 결과를 지칭한다.

결국 성숙도에 따라서 리더가 발휘해야 할 리더십 스타일은 다르게 적용되어야 한다는 것이다. 리더십에서는 이것을 상황대응Situational Leadership이라고 한다.

각 사분면에 따른 리더십 스타일은 다음과 같다.

❶ 지시형 Directing Style

능력도 의지도 부족한 부하에게 적합하다. 면밀하게 감독함과 동시에 의지를 북돋아주어야 한다.

❷ 코치형 Coaching Style

능력은 부족하지만 하려는 의지가 있는 부하에게 적합하다. 정확한 방법을 가르쳐주고 세밀하게 감독해야 한다

❸ 지원형 Supporting Style

능력은 있지만, 의지가 부족한 부하에게 적합하다. 자신감 고양과 동기부여가 중요하다. 그러나 일하는 방법은 이미 알고 있으므로 지나치게 세밀한 감독은 불필요하다.

❹ 위임형 Delegating Style

능력도 있고 의지도 있는 부하에게 적합. 리더는 부하에게 상당한 자율성을 주고 권한과 책임을 위임해주는 것이 바람직하다.

일정한 수준으로 업무 능력이 갖춰진 부하직원이 많으면 많을수

록, 리더의 권한위임은 쉬워지므로 리더는 진정한 의미의 '관리'에 더 많은 시간을 할애할 수 있다. 코칭을 통해 팀원들이 목표가 무엇이고 어떻게 성취하고자 하는 것인지를 이해함으로써 성과를 향상시킬 수 있다. 긍정적인 인정과 피드백을 통해 직원들의 동기를 부여하고 창의력을 확장하고, 업무의 효율성을 증가시켜 질적인 완성도를 높이게 된다. 코칭을 통해 목표와 역할을 명시하면 팀의 응집력을 높일 수 있다는 이점이 있다. 리더는 5가지 역할을 동시에 수행해야 한다.

❶ 교육 Teacher

업무수행에 필요한 구체적인 지식이나 기술 등을 가르침

❷ 지원 Supporter

목표 달성을 위하여 필요한 여러 가지 자원을 제공함

❸ 평가 Appraiser

업무수행 결과에 대한 공정하고 명확한 기준에 따라 평가함

❹ 모범 Role Model

리더 자신이 부하직원의 업무수행에 있어 본보기가 될 수 있어야 함

❺ 멘토 Mentor

부하 사원이 업무를 수행함에 있어 어려움에 부딪힐 때 그것을 극복할 수 있도록 조언과 방향을 제시함

피드백은 성장이다

리더들의 업무 중 가장 중요하고 또 필수적인 것이 피드백이다. 그 것은 중요성만큼이나 첨예하고 어려운 일이기도 하다. 2007년 미국 의 리더십 전문기관인 창조리더십센터Center for Creative Leaning에서 리더십 전 문 프로그램을 받은 적이 있다. 매일 5명씩 관찰하고 마지막 날 상대 방에게 피드백하는 프로그램으로 SBI라고 명명하는 파워풀한 피드백 프로세스였다.

S^{Situation}는 상황이다. 언제 어떤 상황에서 무슨 일이 일어났는가? 예 를 들면 월요일 두 번째 시간 팀별 팀워크 향상을 위해 퍼즐 게임을 할 때 무슨 일이 일어났는가?를 살펴본다.

B^{Behavior}는 행동이다. 어떤 태도나 행동을 보여주는가? 예를 들면 A 는 다른 팀원들의 이야기를 잘 듣지 않고 혼자서 퍼즐을 맞추는 행동 을 한다.

I^{Impact}는 영향이다. 그런 A의 행동은 나와 팀원들에게 어떤 영향을 초래했는가. 긍정적인 영향은 무엇이고 부정적인 영향은 무엇인가? 예를 들면, 팀워크을 위한 퍼즐게임인데 혼자 하는 것은 팀워크 향상 이라는 원래의 취지에 맞지 않는다. A의 행동은 팀원들의 참여도를 저하하는 영향을 미쳤다. 그러므로 그는 앞으로 좀 더 독자적인 행동 을 줄이고 다른 팀원들의 의견을 청취할 필요가 있다.

이렇게 SBI 기법은 주관적, 감정적인 요소를 배제하고 실질적이고 객관적인 상황과 행동 그리고 영향으로 피드백을 하기 때문에 피드백 을 받는 사람도 그에 대한 이의를 제기하거나 반박하지 않고 받아들 이게 된다. 한편으로는 본인이 생각하지 못한 순간적으로 일어난 행동에 대한 피드백에 당황하기도 한다. 또 자신의 행동이 다른 사람들에게 그렇게 심각한 영향을 미친 것에 대해서 놀라면서 반성을 하기도 한다. 이런 피드백으로 그는 자신의 부족한 점과 잘한 점을 명확히 인식하면서 자기성찰을 하게 되며 자기 발전의 계기로 삼는다. 나도 후배들의 코칭 시 그때 배운 SBI 기법으로 주관적인 감정을 배제한 실질적인 피드백으로 효과를 보았다.

그러나 효과적 피드백을 위해서는 상대방을 존중하는 태도를 유지할 것과 일의 의미와 목적을 이해시켜야 함을 강조하고 싶다. 즉, 복종이 아닌 동의를 구하는 것이 보다 효과적이다. 예를 들어 "내가 말한 사항을 그대로 따르면 된다. 결정은 내가 한다"와 같은 공격적인 명령조의 말은 상대에게 강압적인 분위기로 전달되어 침묵하게 만들고 부정적인 태도를 갖게 한다. 반대로 "최종 책임은 내가 질 테니 허심탄회하게 너의 의견을 말해주면 반영하겠다"와 같은 표현은 상대에게 대등한 위치에서 대화를 한다고 느껴져 자발적 노력과 책임의식을 향상시킬 수 있다.

이와 같이 피드백의 효과를 높이는 구체적인 방법으로 다음의 5단계 실천법을 활용해보라.

첫째는 가벼운 소재로 대화를 시작해서 상대로부터 신뢰감을 얻는다. 둘째는 객관적인 지표나 행동을 근거로 사실적인 정보를 전달한다. 셋째는 대화를 통해 현재 상황As is과 목표To Be 간의 차이를 명확히한다. 넷째는 진짜 원인을 밝혀 앞으로의 행동계획을 만들어준다. 이제부터 어떻게 할 것인가를 부하직원 스스로 정하게 한다. 다섯째는 앞으로의 기대를 분명히 알리고 부하가 할 수 있다고 느끼게 해준다.

우리가 잘 아는 5W 1H 기법도 좋은 방법이다. 리더의 업무 지시는 보다 구체적이고 정확한 내용을 전달해야 한다. 배려하고 존중해 상대에게 고압적인 인상을 주지 않으려고 "시간이 될 때 해봐" 또는 "적당하게 부탁해"라는 식의 애매한 지시는 금물이다. 업무 지시를 받는 부하 입장에서도 "부서 회의 자료에 쓸 자료니까 ○○과장이 내일까지 전월 실적과 비교한 내용을 표로 만들어서 준비해봐"와 같은 명확한 지시가 더 낫다.

주관적이고 객관적이지 못한 피드백은 조직을 혼란스럽게 하고, 존중과 공감이 없는 피드백은 근무 의욕을 저하하고 나아가 경직된 조직문화로 연결된다.

피드백이란 진정성 있는 쓴소리를 포함해 부하의 현재 업무 상태를 똑바로 전하고, 그들이 성장할 수 있게 재정비하는 것이다. 때로는 꺼내기 힘든 말을 해야 할 때도 피드백을 통해 부하를 성장하고 팀의 성과를 창출해나가는 리더가 되어야 한다.

리더의 액션
인정받는 리더의 7계명

부하 육성은 억지로 힘을 가해 원하는 방향으로 끌고 가는 게 아니다. 싹이 났을 때 물을 줘 성장을 돕고, 바람이 거세게 불면 가지가 꺾이지 않도록 막아주고, 무성한 가지로 햇빛이 들지 않으면 잔가지를 잘라주듯 사람도 그 나름대로 성장할 수 있도록 도와주어야 한다. 회사에서는 일을 통해 그것이 이루어진다. 즉 상황에 따라 업무를 바꾸어 경험하지 못한 업무를 경험하게 해주는 것도 육성의 한 방법이다. 즉 업무와 부하육성은 양립할 수 있다는 말이다. 부하가 올린 서투른 보고서를 자신이 직접 수정하면 그 순간의 일은 빨리 해결되겠지만 장기적으로 부하육성에는 도움이 되지 못한다. 상사는 우선 언제까지 처리되어야 할 일인지 일의 완급을 판단한 뒤 수정 부분을 직접 하는 대신, 그 보고서가 서투른 이유를 말해주고 어떤 방향으로 수정되어야 할 것인가를 설명해주는 것이 좋다. 그런데 현장에서 느끼는 리더들 가운데에는 아쉬운 사람들이 많다. 자신의 예하 조직에서 발생하는 평가 결과나 중요 처우와 관련된 민감한 이슈 등에 대해 그들은 자신이 상사로서 해결하려고 노력해야 하는데 상급자에게 보고한 것으로 문제를 떠넘기는 것이다. 소위 꽃길만 걸으려고 한다.

"자질이 부족한 후배들은 빼주세요." "좋은 후배 보내주세요." "고과 좀 잘 주세요." 등의 민원성 요구가 넘쳐난다. 후배 양성이나 코칭이 서툰 그들은 고과와 같은 민감한 이슈가 생겼을 때 왜 안 좋게 나왔는지에 대한 객관적인 평가와 그런 평가가 나오게 된 배경과 프로세스를 설명해 이해를 구하고 설득하려는 노력보다 '이건 사업부에서 결정한 거야'라는 식으로 자신은 빠져나가 버린다. 리더로 성장하는 데 필요한 아픔과 상처를 견뎌내는 여정을 밟지 않으려는 것이다. 내가 요즘 빠져 있는 『생각의 비밀』이라는 책에 '착한 사장이 실패하는

7가지'가 있는데 사장을 리더로 바꿔 대입해서 후배 리더들과 공유하고 바람직한 리더의 역할에 대해서 변화를 주문했다. 여기에 충분한 인사이트가 있어 소개한다.

첫째, 누구에게나 좋은 사람이 되고 싶어 한다. 누구에게나 좋은 사람은 누구에게나 나쁜 사람일 수 있다. 사람은 때로 냉정하고 단호하게 대처하고 싸워야 한다. 이 말은 '리더는 연예인이나 정치인이 되어서는 안 된다'는 내 평소 지론과 같은 말이다. 리더라면 부하나 동료의 눈치를 보고 인기에 영합하려 해서는 안 된다.

둘째, 거절하지 못한다. 하지만 거절해도 별일이 안 일어난다. 착한 사람은 자신이 거절하면 상대방이 모욕을 느끼거나 실망하리라 믿는다. 그러나 대부분의 정중한 요청들은 거절을 받아들일 준비를 하고 있으며, 욕심이 섞인 부탁들은 들어줘도 비웃거나 심지어 뒤로 돌아서서 욕을 한다. 거절에도 연습이 필요하다. 막상 해보면 별것 아니다. 오히려 적절한 거절은 당신의 가치를 높인다. 거절하지 못하고 우유부단한 리더는 자신의 철학과 소신이 부족한 사람들이다. 이런 사람들 밑에 있는 부하들은 매우 힘들다. 온갖 업무는 다 가지고 오고 생색도 나지 않게 일하게 된다.

셋째, 쉽게 양보한다. 사업에서 양보는 파산이다. 양보는 명분이 있을 때만 해야 한다. 명분 없는 양보가 이어지면 아무나 함부로 대할 것이고 당당히 양보를 요구하는 사람마저 나타난다. 치열한 영업 현장에서는 리더가 매출이나 손익, 평가 등을 양보해서는 안 된다. 더구나 후배들이 열심히 한 결과에 대한 보상은 절대 양보해서는 안 된다.

넷째, 혼내지 못한다. 아랫사람을 혼내고 지시하는 데 망설이면 모든 일을 혼자 해야 하며, 직원이 리더의 권위마저 지적하고 흔든다. 그렇다. 너무 잘해주면 머리 꼭대기에 올라간다. 일정한 거리를 두고 잘한 부분에 대해서는 칭찬해야 하지만, 잘못된 부분에 대해서는 논리적 근거를 가지고 질책을 주저해서는 안 된다. 질책이 없으면 잘못을 해도 괜찮다는 인식을 심어주게 되어 종국에는 리더의 권위에 도전하게 되는 빌미를 제공한다.

다섯째, 지나치게 염려한다. 걱정은 대부분 상황을 더 악화시킨다. 미리 하는 걱정은 걱정대로 이루어진다. 회사 분위기를 항상 우울하게 만들고 주변 모두가 짜증을 부리거나 신경질적인 사람들로 가득하게 한다.

여섯째, 항상 웃는다. 항상 웃으면 아무도 어려워하는 사람이 없어진다. 리더는 인자함보다 위엄이 필요할 때가 많다. 웃음은 좋으나 역시 과유불급이다. 지나친 웃음은 독이다.

일곱째, 도움 청하길 힘들어한다. 세상에 혼자 할 수 있는 일은 극히 드물다. 손이 엉덩이에 닿는 이유는 화장실 정도는 혼자 가란 뜻이다. 그 외 모든 일은 함께해야 한다. 도움을 청하기 힘들어하는 품성은 어떤 비즈니스도 불가능하다.

리더는 결정하고 지시하고 확인하는 업무를 일상적으로 진행해야 한다. 그러니 착하기만 한 사람은 사업을 원활히 할 수 없다. 착한 것은 좋은 것이 아니다. 착한 것은 착한 세상이 다 착할 때만 좋은 것이다. 그러나 세상은 한 번도 다 같이 착해본 적이 없으니 두려워하지 말고 착함을 버리기 바란다. 그래야 내 가족을 포함한 주변에 있는 사람에게도 착함을 유지할 여력이 생겨나는 것이다.

후배들을 혼내고 지시하지 못하는 것, 지나치게 염려하고 쉽게 양보하고 요청을 거절하지 못하는 것, 도움 요청을 힘들어하는 것, 이러한 일곱 가지를 알지 못하면 리더로서 모든 역할을 수행하기 힘들다.

지속적으로 메시지를 전달하고 코칭하면서 발전하는 후배들도 있고 힘들어하는 후배들은 일대일 면담을 통해 개인의 강점과 경험을 파악하여 업무 분장 시 최대한 반영했다. 리더로서 성장할 영업 중심의 관리자들은 본사 스태프나 사업부 스태프 등으로 업무 영역을 넓혀서 입체적인 업무를 수행할 수 있도록 했다. 지금까지 저조한 업무 성과를 내었던 후배들에게도 그 사람의 강점을 살리고 지속적인 일대일 코칭과 피드백 그리고 무엇보다도 자신감 상실에 대한 격려와 인정으로 자기 일에 대한 가치를 찾고 주도적으로 일할 수 있도록 하고 필요한 사항을 적극 지원했다.

리더십 액션 가이드

- 구성원의 강·약점 및 잠재 역량을 명확히 파악하라.

- 개인별 특성과 강점에 따른 능력 발휘 기회를 제공하라.

- 업무를 통한 개인적 성장이 가능하도록 목표 관리하라.

- 구성원의 동기부여 니즈와 업무 목표가 일치할 수 있도록 조정하라.

- 업무수행에 필요한 스킬과 프로세스를 가르치기 위해 정기적으로 코칭을 실시하라.

- 코칭에 필요한 대화의 방법을 정확히 알고 활용하라.

- 적절한 피드백을 통해 구성원의 잘못된 부분을 고치도록 도와라.

- 구성원의 역량 개발을 위해 학습기회를 부여하라.

- 구성원의 역량 개발과 관련하여 정기적으로 면담하라.

- 구성원이 자신감을 가지고 자기계발을 할 수 있는 분위기를 조성하라.

10장

스태프 양성

리더의 실행력은
참모의 전투력이다

"항우는 마음이 너무 약해서 안 되겠네. 임자가 술상 앞으로 가 유방한테 술을 권하고 나서 흥을 돋운다며 칼춤을 추다가 기회를 봐서 한칼에 베어버리게."

기원전 207년 진시황의 죽음으로 사분오열된 천하를 놓고 쟁패 중이던 항우와 유방이 술잔을 나누던 홍문지회鴻門之會에서의 클라이막스 장면이다. 정확히 말하면 쟁패 중이 아니라 항우의 위세에 눌린 유방이 사죄를 하는 상황이다. 초나라 귀족 출신으로 역발산기개세力拔山氣蓋世의 힘을 가진 항우와 농부의 아들로 태어나 작은 동네 건달 출신인 유방은 누가 봐도 상대가 되지 않았다. 그런데 항우가 진나라 군사들과 곳곳에서 싸우며 지체하는 틈을 타 유방은 재빨리 함양으로 진군해 진왕의 항복을 받고 관중을 지배해버렸다. 뒤늦게 관중에 다다른 항우의 분노는 하늘을 찔렀다. 실제로 홍문에 진을 친 항우의 군대는 40만, 유방의 군대는 10만에 불과했다. 만일 양군이 맞붙는다면 유방의 군대가 패할 것은 자명한 일이었다. 누구보다 현실에 냉철한 유방은 상황을 직시하고 수치는 뒤로 두고 항우를 찾아 홍문으로 가 허락 없이 함양으로 진군한 것과 항우의 군을 막은 것에 대해 사과했다. 항우의 참모인 범증은 이런 유방의 야심을 알고 있었다. 그래서 이 기회에 유방을 죽일 계획이었다. 바야흐로 유방의 목숨은 풍전등화의 위기를 맞이하고 있었다. 그러나 유방에게는 장량이라는 걸출한 참모가 있었다. 이 장면에서 범증이 창이라면 장량은 방패다. 장량은 칼춤이 유방을 죽이려는 계획임을 알고 호위 무장인 번쾌樊噲*를 불러들인다. 번개같이 뛰어든 번쾌는 항우가 권하는 술을 벌컥벌컥 마시고 피가 뚝뚝 떨어지는 돼지 다리를 칼로 쓱 베어먹어 치운 다음, 유방에게 상을 내리지는 못할망정 그를 죽이고자 하는 항우의 처사가 얼마나 용렬한 것인지 가차 없이 질책했다. 호남아 기질에 귀족 출신답게 예와 의를 숭상하는 항우가 멈칫하고 있는 사이에 유방은 유유히 탈출하여 위기를 모면했다. 범증이 발을 동동 굴렀으나 이미 허사였다. 항우가 자신의 힘만을 믿고 범증의 말을 듣지 않아 모든 것을 잃었다면 유방은 장량의 치밀한 전략으로 호랑이 굴을 벗어나 결국 천하를 거머쥔다. 유방이 황제가 된 후 남긴 말이다.

"나는 장량처럼 교묘한 책략을 쓸 줄 모른다. 소하처럼 행정을 잘 살피고 군량을 제때 보급할 줄도 모른다. 병사들을 이끌고 싸움에서 이기는 일은 한신을 따를 수 없다. 하지만 나는 이 세 사람을 제대로 쓸 줄 안다. 반면 항우는 범증 한 사람조차 제대로 쓰지 못했다. 이것이 내가 천하를 얻고 항우는 얻지 못한 이유이다."

626년 경 당 황제 태종에게 위징이 고했다.

"폐하, 저를 충신으로 만들지 마시고 양신^{良臣}으로 살게 해주십시오."

"그게 무슨 말인가? 충신과 양신의 차이는 무엇인가?"

"폐하, 충신은 망한 나라 군주의 신하로 자신도 죽고 가족과 가문도 풍비박산 나 유일하게 남은 것은 충신이라는 이름 석 자뿐입니다. 그러나 양신은 태평성대를 이룬 군주를 모시고 살아서는 편안한 삶을 살고 죽어서도 명성을 얻고 가문도 대대손손 번성합니다. 저는 폐하의 충신이기보다 양신이 되고 싶습니다."

당 태종 이세민에게는 역사상 최고의 참모로 꼽히는 위징이 있었다. 그러나 그는 처음부터 태종의 사람이 아니었다. 위징은 이세민의 정적이자 태자인 형 이건성의 사람으로 야심 많은 이세민을 제거하라고 이건성에게 수없이 건의했던 사람이다. 우유부단한 이건성이 주저하고 있는 사이 이세민이 현무문의 변을 일으켜 이건성을 죽이고 절대 권력자가 되어 자신을 제거하라고 건의했던 형의 참모 위징을 벌하기로 마음먹었다.

"너는 어찌하여 우리 형제 사이를 이간질하여 이토록 참혹한 지경에 처하게 했느냐?"

위징은 당당했다. 그는 두려워하지 않고 할 말을 다 했다.

"태자였던 이건성이 제 말을 들었다면 제가 어찌 지금 이 자리에서 이런 문초를 당하고 있겠습니까?"

이 말을 들은 이세민은 위징의 사람됨을 알아보고 그를 자신의 사람이 되도록 설득한다.

'충신과 양신'의 대화 내용은 위징이 이세민의 참모가 되기로 마음먹으며 한 말이다.

현명한 군주였던 태종은 자신의 욕망과 절대 권력의 폭력성에 제동을 가할 참모의 필요성을 느꼈고 위징을 선택했다. 그에게 내려진 직책이 간의대부諫議大夫**였는데, 이는 조선의 사간원이나 현재의 감사원장과 비슷한 직책이다. 위징은 목숨을 걸고 이 직책을 수행했다.

위징은 태종의 정책적인 사항뿐만 아니라 언행 하나하나까지 지적하는 간언을 서슴지 않았다. 그로 인해 태종은 무슨 일을 추진할 때 '위징 울렁증'이 있을 정도로 스트레스가 심했다. 한 번은 이런 일도 있었다.

어전회의 중 위징의 간언에 인내심이 한계에 달한 태종이 자리를 박차고 일어나 내실로 들어가 버렸다. 황후에게 "내가 오늘은 기필코

***

** 고려시대 문하부의 관직

위징을 죽이리라"라고 소리쳤다. 그러자 황후가 갑자기 제례복으로 갈아입고 태종에게 절을 하는 것이었다. 태종이 어리둥절하자 황후는 태종에게 이렇게 말했다.

"임금이 밝으면 신하가 곧다고 했습니다. 위징이 곧은 것을 보니 폐하의 밝음이 드러난 것이라 이렇게 폐하께 경하드립니다." 이 말을 들은 태종은 위증을 불러 상을 내렸다.

643년, 그렇게 충심으로 태종을 보좌했던 위징이 죽었다. 태종은 통곡하면서 "나는 내가 가진 세 개의 거울 중 한 개를 잃어버렸다. 첫째는 의관을 보는 거울이요, 둘째는 패망한 역사의 거울이요, 셋째는 내 그릇을 비추는 거울 '위징'인데 이제 무엇이 나를 비춰준단 말인가?"

'정관의 치'라 불리는 중국 역사상 최고의 태평성대는 위징을 위시한 참모들의 정확하고 객관적인 충언과 그것을 받아들인 태종의 리더십이 만들어낸 합작품임을 누구도 부인하기 어려울 것이다.

스태프를 양성하라

이 두 사례 외에도 역사 속 위대한 리더들은 하나같이 뛰어난 참모가 있었다. 조조의 순유, 유비의 제갈량, 이성계의 정도전 등이 그들이다. 그런데 걸출한 인재가 참모로서 리더를 보좌하는 일이 현실적으로는 어려운 경우가 많다. 세종대왕처럼 스스로 참모를 양성하고 양성된 인재와 더불어 성과를 만들어낸 사례도 있다. 세종의 싱크탱크였던 집현전이 대표적인 사례다.

집현전을 조선의 학술·연구기관 정도로 생각하는 사람들이 대부분인데 그보다는 오히려 다양한 정치 현안이 되는 정책 과제들을 당시의 현실에 맞는 사례들로 수집하고 정리해 왕에게 보고하는 스태프 기능이 더 많았다. 그뿐만 아니라 중국 사신이 왔을 때의 접대 방안, 염전법拈轉法에 관한 연구, 외교문서 작성, 조선의 약초 조사 등 다양한 실용연구로 사회·문화 발전에도 크게 기여한다. 리더 세종에게는 더할 나위 없이 귀중한 인재풀이자 스태프였던 셈이다. 이런 집현전을 세종이 처음 만든 것은 아니다. 고려 때부터 존재하며 허울뿐이던 집현전을 자신의 스태프로 완벽하게 키워내 실질적인 기능을 할 수 있도록 한 사람이 세종이라서 우리는 집현전을 세종이 만들어낸 것이라고 알고 있다.***

세종과 같이 개개인이 가지고 있는 재능을 끌어내 스스로 도달할 수 있는 것보다 훨씬 더 높은 역량으로 키워내는 것이 리더십이라고 생각한다. 만약 어떤 사람이 80%, 어떤 사람은 75%, 어떤 사람은 90%, 어떤 사람은 95%로 제각각 다른 그들의 평균 능력이 85%라고 했을 때, 그들의 평균 능력을 95%, 100%까지 끌어올리는 몫이 리더에게 있는 것이다. 이를 위해선 먼저 자신이 솔선수범하고 학습을 병행하여 부하를 자신보다 훨씬 단단하게 키워야 한다. 현실에서 자신

....

*** 집현전은 고려 시대에도 있었지만 이름뿐이었고, 1420년에 세종이 실질적인 학문 연구기관으로 만들었다.

을 리더라고 생각하지만 실제로는 관리자인 경우가 많다. 관리자는 단순히 일 중심으로 사고하는 반면, 리더는 인재를 알아보고 육성해 조직을 키워내는 사람으로 일을 시스템화하는 사람이다. 세종을 위대한 리더라고 평가하는 것은 자신이 하고자 한 일을 단순하게 실행한 것이 아니라 집현전이라는 인재양성 기구를 먼저 만들어 조직을 키워내고 그 조직에서 성장한 그들이 리더가 원하는 일을 스스로 실행하는 시스템을 만들어낸 데에 있다.

그들의 역할이 중요한 이유

스태프의 역할은 리더와 같은 시선과 같은 가치관을 지니면서도 리더보다 현장에 더 가까운 위치에서 사업을 파악하고 판단해 조직의 방향성을 제시하고, 다양한 과제를 발견해서 그에 대응하는 기능을 한다. 조직의 장래를 내다보고 사업 최적화 방안을 직접 고민하며 리더의 업무를 보좌해주는 역할이다. 그래서 그들은 뛰어난 기획력과 문제해결 능력은 필수이고 여기에 더해 리더와 같은 비전과 가치관을 가져야 한다. 때로 장량처럼 리더를 위해 스스로 위험을 무릅쓰고 어려운 과제에 도전해야 하고, 때로는 위증처럼 리더에게 냉철한 조언을 아끼지 말아야 한다.

스태프는 모든 일을 PDCA[Plan-Do-Check-Action]로 진행하는 프로세스를 구축해 리더를 보좌하고 조직 전체에 전파해야 한다. 이때 P[Plan]는 막연한 계획이라기보다는 논리적으로 '기획'에 가깝다. Plan을 잘 세워야 C^{Check}도 꼼꼼히 할 수 있다. 체크 중 혹 실패한 사실을 숨기면 조직은 실패로부터 배울 기회를 빼앗겨 더 큰 손실을 감수해야 한다.

C가 건강해야 리더는 다음 A^{Action}가 성과로 향할 수 있다. 이 PDCA 는 조직은 물론 조직원 개개인의 성장을 돕는 강력한 힘을 발휘한다. 리더의 비전과 스태프의 역량이 PDCA를 이끌어가는 양대 축이다.

스태프를 리더의 눈과 귀, 혹은 손과 발 정도로 생각하는 리더들 이 있다. 이와 같은 생각은 위험하다. 스태프는 리더의 사적인 조직이 되면 절대로 안 된다. 그런 리더를 두고 폭군이라고 한다. 당연하지 만 스태프가 지근거리에 있는 리더에 기대어 권력을 사용해서는 더 욱 안 된다. 그런 스태프는 자신의 역량을 발휘하지도 못하고 불명예 스럽게 사라지는 경우가 대부분이다. 그래서 개인의 욕심은 리더에게 나 스태프에게나 경계해야 할 1순위다. 스태프는 리더뿐만 아니라 조 직 전체의 신뢰를 받는 것이 중요하다. 윗선과 아랫선을 이어주고 상 담해주는 완충 역할도 중요한 기능이므로 평소 사람들과 좋은 관계를 유지해놓는 것이 좋다.

이와 같은 스태프의 기능과 역할의 중대성에 비추어 스태프의 전 력화를 위해 실행에 옮겼다. 스태프들이 얼마나 전략적이고 스피드 하게 움직이고, 각자 맡은 업무를 집요하게 챙기느냐가 사업부의 성 과에 절반 이상을 차지한다고 해도 과언이 아니다. 대부분의 영업 조 직은 영업부서만 잘하면 성과를 낼 수 있다고 생각한다. 맞는 말이긴 하지만 영업부서는 매일 전쟁터다. 그래서 주어진 일상의 루틴 업무를 처나가기도 힘들다. 따라서 시상과 시책에 대한 고민과 교육에 대해 준비할 시간이 별로 없다. 새로운 설계사를 영입하고, 매출을 실시간으로 관리하다 보니 시간적으로나 정신적으로 여유가 없다. 그래서 현장 관리자가 영업에 집중할 수 있도록 사업부 스태프가 중요한 의사결정이나 정보, 교육 자료를 내려 보내주고 관리해주어야 한다. 사업부 스태프들의 기획 능력과 객관적인 현장 분석력 그리고 본사와의 협력 정도에 따라 사업부의 성과가 달라진다. 스태프들이 얼마나 바르게, 다르게, 빠르게 일을 처리해주느냐에 따라 불필요한 에너지 사용을 줄이고 핵심 업무 중심으로 수행하여 MIMO^{Minimum Input Maximum Output}을 실현할 수 있다. 스태프가 사업부의 중요한 전력인 것이다.

리더의 액션

스태프 전력화 작업

호남사업부 스태프들은 성실 근면한 훌륭한 인성을 갖추고 주어진 업무에 대해 명확하게 수행하는 능력을 갖추고 있었지만, 업무를 기획하고 창조하는 역량은 경험이 부족했다.

그중 '생각하는 힘'과 '생각하는 방법'을 요구하자 많이 힘들어했다. 문제의 원인이 무엇인지, 예상되는 문제점은 무엇인지, 그 일을 어떻게 수행해야 하며 결과가 조직에 미치는 긍정·부정의 효과는 무엇인가에 대해 생각해본 경험이 많지 않았다. 그런 고민은 상사의 몫이고 그들은 단순히 현상에서 일어나는 사실만 전달하면 되었던 것이다. 혹자는 리더가 제시하는 해결책을 받아 하위 조직과 사람에게 전달하는 브로커 역할을 본인의 업무라고 생각하고 있었다. 이런 그들의 생각은 당연히 사고하는 힘과 스태프의 핵심 업무인 기획력과 문제해결 능력을 떨어뜨릴 수밖에 없게 한다. 그래서 나는 부임한 지 한 달 만에 스태프 업무의 가이드라인을 작성했다. 한 시간여를 강의와 질의응답으로 스태프의 R/R의 정의를 공유했다. 그 자료는 코팅해 부착하여 늘 볼 수 있도록 조치했다. 한편 그들이 가지고 있는 로열티에 비해 담대한 목표Streach goal에 대한 눈높이가 나와 달랐다. 이런 일은 단어에 대한 이해도 차이에 의해 발생하는 경우가 많다. 즉, 사랑이라는 단어에는 각자의 경험이 녹아 있는데 그 감정과 스토리 차이에 따라 받아들이는 정도가 다른 것이다. 그래서 먼저 스태프라는 단어의 정의에 대해 서로 생각을 일치할 필요가 있었다. 다음은 네이버에 나와 있는 스태프의 정의다.

"경영에서의 집행 부문인 라인조직에 대하여 조언 및 권고하는 참모 부문 또는 그 직위에 있는 사람. 라인은 전선과 지휘·명령 계통이라는 두 가지 뜻을 포함하며…(중략)"

스태프는 사업부의 경영 전략, 방향 등을 올바로 설정하고 하위 부서가 성과를 낼 수 있도록 전략과 전술을 제시하는 사업부장의 참모라는 정의다.

기계적으로 업무를 챙기고 확인하고 사업부장 및 지원부장의 지시사항을 전달하는 수준의 역할이 아니라 사업부장의 가치관과 비전을 함께 공유하여 현장을 리드해나가야 한다. 이런 내용을 정리하여 스태프의 일하는 방식을 구체적으로 제시했다.

첫째, 일을 대하는 생각과 자세를 바꿔라. 항상 1등 사업부, 초격차 사업부를 만들기 위해서는 양·질·격 차원에서 일을 해야 한다. 추격자Fast follower가 아닌 선도자First Mover로 가는 생각을 해야 한다. '그러므로Because of'가 아닌 '그럼에도In spite of' 해야 한다. 안 되는 이유, 어려운 이유 등의 핑계부터 찾지 말고, 어려움에도 불구하고 할 수 있는 도전정신과 불가능을 가능케 하는 실행력을 갖춰야 한다. 잘할 수 있는 일만 하지 말고 해야 할 일을 해야 한다 등 절대 긍정의 정신을 강조했다.

둘째, 일을 시작하기 전 목적을 분명히 이해하라. 어떤 일을 추진하건 다섯 번만 자신에게 '왜?'라는 질문을 던져보면 그 일에 대한 목적과 방향성을 스스로 납득하고 이해할 수 있다. 일의 생성 배경과 지시자의 의도를 분명히 파악하고 이해하는 것이 최우선이다. 아울러 단순한 일처리가 아닌 업무를 통해 다양하게 경험하고 배우는 기회로 삼아야 한다.

셋째, 항상 결과를 예측해야 한다. 일의 아웃풋 이미지를 생각하고 마치 조감도와 동일한 건물을 완성하기 위해 작은 것 하나까지도 디테일하게 챙겨 일을 추진해 업무 영역을 넓혀 나가야 한다. 업무의 1석 10조를 생각하면서 주어진 일을 수행함으로 얻을 수 있는 여러 가지 이득에 대해 스스로가 목표를 설정하고 의미를 부여하라. 일의 전체 흐름과 프로세스를 끊임없이 시뮬레이션하면서 일에 관한 전후 사정, 업무 현황, 기대효과 등에 누구보다도 많이 고민하고 언제든지 누구에게나 설명이 가능해야 한다.

넷째, 늘 건전한 위기의식을 가져야 한다. 지금 1등 사업부라도 언제든 다시 추격자Fast follower가 될 수 있다. '이만하면 됐다'라는 생각은 위험하다. 좀 안다고 예단하는 것이 가장 큰 위기다. 원가의식을 가지고 철저히 MIMO를 이해하고 실천해야 한다.

이상의 내용을 강의를 통해 전달하고 세부 실천 내용을 코팅해서 각자 책상 위에 붙여놓도록 했다.

스태프 업무 실천 내용

구분	세부 내용
업무태도	모든 업무의 밑바탕이 되어야 할 3가지 태도 → 겸손, 진정성, 열정 전제
	일할 때 고려해야 할 기본 4가지 → 새롭게, 빠르게, 바르게, 보이게 업무 추진
	스스로 어떠한 역할을 하고 있는지 자문(업무 오너십) → 브로커 vs 크리에이터 → 전달자 vs 기획자
기획업무	큰 그림에서 입체적으로 전체 흐름을 읽고 반영
	새로운 것이 중심 → 새로운 Concept, Contents, Container를 담을 것
	중간 Output, 최종 Output 미리 생각
	왜 이 일을 해야 하는가(취지와 배경)
	어떤 프로세스로 하는가
	고객이 누구인가
	회사와 팀의 경영에 얼마나 영향을 미치는가
업무수행	상황대응(문제해결) 기본
	최종 납기, 중간 납기 확인
	철저한 사전 관리(예령)
	T-일정표 작성 및 관리를 통한 업무 추진
	보고 요령 → 수시보고, 사전/사후 보고 철저 → 보고서는 분명한 논리를 가져야 함 → 보고서 숫자/오탈자 철저히 점검
	철저한 시간관리
	소통과 공감을 통한 팀워크

그리고 사업부 스태프들에게 보고를 받을 때는 보고서 쓰는 방법을 알려주고, 최종 의사결정 과정에서 본부 및 현장의 니즈가 반영되었는지, 그리고 어떠한 프로세스로 최종안이 나왔는지를 질문하곤 했다. 기존 안에 없는 '새로운 것Something New'이 무엇인지 질문하여 생각의 폭과 깊이를 바꿔주려고 노력했다.

새로운 아이디어가 필요할 때는 계급장 떼고 격의 없이 브레인스토밍 자리에서 '새로운 것이 무엇인가? 새로운 해결책은 무엇인가?'와 같은 질문으로 함께 고민하고 토론했다. 그런 결과 일정 시간이 지나자 그들은 생각 근육이 커지고 주체적으로 일할 수 있는 능력이 생겼다. 놀라운 것은 그들 중 책임급 스태프 부서장은 사업부장 수준의 생각과 말을 하게 된 점이다. 그들도 자신의 변화된 모습에 만족스러워했다. 이처럼 업무의 핵심을 제대로 파악하고 좋은 성과를 내기 위해 필요한 프로세스를 만들어가는 방법에 익숙해지면 어떤 직무를 맡던 잘할 것이라고 믿는다. 나와 우리 사업부 스태프들이 그것을 증명했다. 인력개발원 후배가 쓴 시가 있는데 이것을 약간 수정해서 스태프들에게 코팅해서 나누어주고 책상에 부착하도록 하여 직장생활 하는 데 참고하도록 했다.

제목: 온전한 삶, 승리하는 인생

낮은 것보다는 높은 것을 갈망하나, 낮은 것을 업신여기지 않음이며,

바른 것보다 빠른 것을 추종하나, 바름을 잃지 않음이며,

작은 것보다는 큰 것에서 빛난다 여기지만, 작음의 빈틈을 용납지 않음

이며,

자신보다는 타인 위에 서고자 함이나, 자신을 먼저 이겨야 함을 알아감
이며,

변화보다는 안주에 미혹하나, 작은 변화를 습관화하고자 함이며,

행동보다는 계획함에 흐뭇해하지만, 독한 실천으로 꿈을 이루어 감이며,

과정보다는 결과를 우선하나, 내가 걸어온 길이 나임을 거부할 수 없음
이며,

일상보다는 완벽을 지향하나, 일상의 완벽 없이는 불가능함을 인정함이며,

현재보다는 미래를 꿈꾸지만, 현재에 나태하지 않음이며,

시작보다는 끝을 기억하나, 시작의 용기로부터 항상 일어섬이다.

그들의 지속적인 노력 덕분에 사업부 스태프들의 생각하는 힘과
업무 역량이 꾸준히 향상했다. 나중에는 사업부장과 비슷한 눈으로
업무를 대하게 되고 새로운 마케팅 전략 수립 시에도 현장에서 즉시
활용 가능한 효과적인 대안들을 제시하기 시작했다.

리더십 액션 가이드

- 스태프의 정의, 중요성, 역할 등을 구체적으로 공유하고 공감하라.
- 조직별 특성에 맞는 스태프의 업무 태도와 수행에 대한 구제적인 실행방안을 정리하고 공유하라.
- 스태프들이 업무 수행 중에 문제를 발견하고 개선하도록 노력을 경주하라.
- 스태프들이 효율적인 업무처리 방식을 탐구하고 업무처리에 적용하도록 하라.
- 스태프들에게 보고서, 이메일 등 문서작성의 기본과 원칙을 숙달하도록 하라.
- 스태프들에게 수명과 보고 및 응답 스킬 등 커뮤니케이션 능력을 향상토록 지속 코칭하라.
- 스태프들이 본사, 영업현장, 타 사업부와 네트워크를 만들어 수시로 소통 하도록 하라.
- 스태프들이 업무 수행 중 발생한 문제는 매뉴얼로 만들어 재발을 방지하라.
- 스태프들의 노력과 공헌에 대해서 반드시 기대 이상으로 칭찬과 보상을 해라.
- 스태프들이 항상 업무의 '1석 10조', 'MIMO'를 실행하도록 하라.

11장

문제해결

문제는 해결하고
사람은 품어라

"지역단은 잘 운영되고 있습니까?"

"네, 큰 문제 없습니다."

"문제가 없는데 왜 이번 분기 실적이 이렇게 저조하지요?"

"……."

어느 조직에서나 있을 법한 대화 내용이다. 사업부장은 지역단장에게 '문제가 있으니 실적이 저조한 것 아닙니까?'라고 묻고 있는데 지역단장은 '아무 문제가 없다'라고 답하고 있다.

"문제가 왜 발생했습니까?"

"아~ 네, 다음부터는 이런 일이 없게 하겠습니다."

"어떻게 할 것입니까?"

"사업부장님! 저를 못 믿으십니까?"

"알았어요. 한 번 더 믿어봅시다."

이런 대화도 어딘가 익숙하다. 문제가 발생해 원인을 묻고 있는데 원인 규명은 뒷전이고 '다음부터는 발생하지 않도록 하겠다'라는 의지만 앞세운다. 문제를 해결하려는 것이 아니라 문제를 품고 가는 형국이다. 상사 또한 '한 번 더'라는 의지에 심정적으로 동조함으로써 문제를 덮어두고 가고 있다. 그런데 이런 상황은 몇 달 후면 또다시 반복된다. 문제의 원인을 찾고 문제를 해결하는 프로세스가 작동되지 않은 조직의 문제는 계속 쌓인다. 최악으로 가는 길이다.

그런데 왜 이런 현상이 생기는 것일까? 얼마 전 어느 인문학 강사가 한 이야기가 생각난다. 한국 특유의 정서인 정情 문화 때문이라고 한다. 정 문화는 조직과 공동체를 자신과 동일시하는 현상을 가진다. 이런 문화는 나와 다른 사람의 가치관과 철학 그리고 삶의 방식, 일하는 방법까지 동일시하는 성향으로 나타난다. 객관적인 문제를 문제로 보지 않고 나와 다른 사람의 생각이나 행동을 문제로 여기는 것이다. 그렇다 보니 '사람은 풀고 문제를 품는 결과'를 만들게 된다. 반면 서양 사람들은 이성적인 문화가 근간을 이루고 있기 때문에 '사람은 품고 문제를 푸는 결과'를 만든다. 조직과 개인이 구별되고, 자신과 일도 별개로 생각하는 그들의 문화는 발생한 문제에 대해서도 철저한 원인 규명을 가능케 하고 나아가 해결책을 마련하여 다시금 동일 문제가 발생하지 않도록 하는 데 익숙하다. 이제 우리도 문제해결에 관한 한 서양식 사고가 필요하다고 생각한다.

산업생태학의 거장 맥더너프[Neal McDonough]의 말은 곱씹을 만하다. "만약 우리 회사에 문제가 없다고 생각하는 사람들이 있다면, 그 사람들은 머리가 모자란다는 말을 들어도 불평할 자격이 없다. 기업은 해결해야 할 문제의 집합체다."

문제를 바라보는 관점을 달리하다

조직원이 문제를 문제로 보지 못하는 것은 치명적이다. 이 같은 문제를 해결하기 위해서는 문제의 실체를 명확히 알아야 한다. 그런데 그에 앞서 '문제'라는 단어부터 정의하여 공유할 필요가 있다. 우리말에 '문제'는 세 가지 의미로 사용된다. 각종 시험에 나오는 '해답을 요구하는 물음'이 그 첫 번째고 '논쟁이나 연구 따위의 대상이 되는 것'을 지칭하기도 하고, '해결하기 어렵거나 난처한 대상 또는 그런 일'을 말하기도 한다. 이 세 가지 의미 가운데 리더십 차원에서 말하고자 하는 것은 '해결하기 어렵거나 난처한 대상 또는 그런 일'에 관한 것이다.

참고로 영어에서는 시험은 Test, 질문은 Question, 문제는 Problem이라는 단어로 구분된다. 다만 Problem은 트러블[Trouble]과 거의 같은 의미로 쓰인다. "문제 있는가?"라고 말할 때는 "트러블[골칫거리]은 없는가?"라고 묻는 것과 같다는 의미다. 노 프로블럼[No, Problem] 혹은 노 트러블[No,

^{Trouble} 모두 같은 답이다.

이처럼 영어가 주는 명확성에 비해 우리말에서의 '문제'는 위에서 살펴본 것처럼 어떤 의미인지를 분명하게 전달해야 소통이 가능하다. 혹여 '그놈이 문제야'라든지 '키가 작아서 문제야'와 같은 문장에서 쓰인 '문제'는 비난이나 불가항력적 부정의 의미로 받아들여진다. 반면, 시험문제일 경우 전혀 그렇지 않다. 이처럼 문제라는 용어는 그 쓰임과 사용하는 사람에 따라 달라서 조직의 문제해결을 위해서는 정확한 개념 공유가 필요하다.

"지역단은 잘 운영되고 있습니까?", "문제가 왜 발생했습니까?"의 리더십 관점에서 문제의 의미는 '목표와 현상의 갭'으로 정의해야 한다. 여기서 목표란 'To BE'의 의미로 있어야 할 모습, 바람직한 상태, 기대되는 결과를 말하고, 현상이란 'As Is'의 모습으로 실제 모습, 예상되는 상태, 예기치 못한 결과를 가리킨다. 리더가 "문제가 있나요?"라는 질문은 곧 "목표에 맞춰 일이 잘 진행되고 있나요?"라는 의미라는 것이다.

그런데 문제를 바라보는 시각의 차이는 또 하나 난관을 극복해야 한다. 문제를 바로 보는 시차가 그것이다.

"문제없나요?"라는 물음을 던지면 지역단장과 지점장 등 예하 조직원들은 'As Was^{과거}'와 비교하여 'As Is^{현상}'가 좋거나 나아지면 문제가 없다고 말한다. 반대로 과거에 비해 현재의 실적이 좋지 않거나 나빠지면 문제가 발생했다고 인식한다. 하지만 리더가 묻는 것은 'To Be^{목표}' 대비 'As Is^{현상}'의 갭이라는 점을 명확히 알아야 한다. 오랜 영업 현장에서 잔뼈가 굵은 그들은 어제보다 나은 성과면 잘했고, 그래서 문제가 없다고 생각하는 습관이 생긴 것이다. 하지만 영업의 양·질·격 차원의 To Be^{목표}를 합의하고 공유된 조직에서는 목표 대비 As Is^{현상}의 차이^{Gap}가 발생하면 문제가 있다고 판단해야 한다.

그러므로 '문제'란 기대하는 목표와 현상과의 차이로 정의할 수 있고, 따라서 문제가 없다는 인식은 기대하는 목표나 현상 또는 그 쌍방 모두를 확실하게 인식하지 못하고 있다는 것을 의미한다. 막연하나마 문제가 있는 것 같다고 느끼는 것은 그래도 이대로 두면 안 되겠다는 위기감을 느끼는 것이다. 목표를 염두에 두고 생활하면 어느 순간 불안감을 느끼는 조짐이 있기 마련이다. 현재 상황을 느끼면 지금 이 상태가 좋은가라고 자문자답해볼 필요가 있다. 바람직한 상태나 있어야 할 모습에 관하여 이미지가 명확하다면 목표와 현상의 차이도 명확해지기 마련이다. 이처럼 내가 문제의 범위를 목표로 옮겨서 공유했더니 목표에 대한 생각이 달라지고 그 목표를 달성하기 위해 더욱 더 치열하게 노력하여 목표를 초과 달성하였다. 한발 더 나아가 담대한 목표를 세워 다음 분기에서도 초격차를 실현하며 1등 사업부로 거듭났다.

무사안일주의자는 퇴치하라

영업현장은 크든 작든 매일 문제가 발생한다. 계속 반복되는 문제가 있는가 하면 전혀 예상하지 못했던 문제가 돌발하기도 한다. 이런 문제들은 해결 가능한 난이도부터 감당할 수 없는 고난이도까지 다양하다.

문제가 있다고 인식한 리더들 가운데는 문제가 발생했을 때 당황하지 않고 침착하게 문제의 본질을 찾아 프로세스를 거쳐서 해결한다. 그런 리더가 있는가 하면 어떤 리더들은 안 되겠다, 보고해야 할 것 같다, 라는 말만 반복하며 허둥지둥 당황해 문제해결을 회피하는 사람도 많다. 결국 그들은 상사에게 자신의 문제해결을 미룬 셈이다. 문제를 보고 받고 해결을 해야 하는 상사는 과연 문제를 보고한 그에 대해 어떤 생각을 할까? 문제해결 능력이 부족한 그는 문제의식의 결여가 있다고 결론 내린다. 그런데 더 최악은 문제가 있다고 생각하면서도 꾸물꾸물 시간을 끌어 상황을 더 악화시키는 경우다. 이들은 문제를 알고서도 그것을 들춰낼 의사가 없거나 자신이 책임질 결단이나 의사결정을 할 수 없는 경우로 더 큰 문제를 가진 사람들이다.

이런 사람들의 특징은 심리적으로 무사안일주의자다. '구태여 숯불에 밥을 짓는 것은 어리석은 짓'이며 '모난 돌은 정 맞는다'라는 속담을 철석같이 믿고 따르는 부류들이다. 그래서 그들은 문제를 알면서도 모른 척하기 일쑤고, 한편으로는 문제를 들추어내는 것이 두려워서 그대로 방치하는 걸 수도 있다. '이대로가 좋다. 긁어서 부스럼을 낼 필요가 없다', '괜히 말을 꺼내어 책임을 질 필요는 없다'라는 인식이 자리하고 있어 뒤를 사리는 것이다.

물론 사람은 누구나 변화보다는 안정, 대립보다는 평화를 바라기 마련이다. 그렇지만 안정과 평화는 'As Is현상'가 바람직한 상태일 때만 가능하다는 점을 모르는 사람이다. 현재의 문제를 방치하는 것은 미래에 터질 폭탄을 쌓아놓는 것과 같다. 그러므로 이와 같은 경향의 사람들은 조직문화에 가장 큰 위험 요소다. 리더에게는 이런 사람을 찾아내 제거하는 것이 어쩌면 가장 큰 문제해결이 될 것이다.

문제를 알고도 방치하는 정말 큰 문제를 안고 있는 이들은 내 경험상 개선의 여지가 없다. 그렇지만 문제가 없다고 생각하는 사람들의 문제는 해결 가능성이 있다. 해결의 실마리는 '문제의식'을 심어주는 것이다.

인식으로부터 문제의식이 생긴다

문제의식이란 문제를 찾아내고 그것을 바람직한 상태로 만들고자 하는 마음 자세를 말한다. 상사가 평소에 "문제의식을 가지세요."라고 하면 "넵, 알았습니다! 이제부터 문제의식을 갖도록 하겠습니다."라는 대답을 한 사람이 있다고 치자. 그에게 곧바로 문제의식이 생길까? 쉽지 않다. 일반적으로 문제가 눈앞에서 일어나 뻔히 보이는 경우에는 거추장스럽게 '문제의식을 가져라'라고 말하지 않는다. 눈앞에서 벌어지는 문제를 보고도 문제를 인식하지 못하는 바보는 없기 때문이다. 그러므로 현재 눈에 보이지 않는 문제, 혹은 생각이 떠오르지 않는 문제에 대한 인식을 문제의식이라고 한다. 이런 문제의식은

'문제가 현재화하기에 앞서 문제의 가능성을 느낄 수 있는 능력'이다. 이런 능력을 갖춘 사람이 당연하게도 문제해결 능력이 탁월할 가능성이 크다. 그러므로 비즈니스에서 이 능력은 매우 중요하다. 이렇게 중요한 문제의식을 갖추기 위해서는 무엇이 필요할까?

첫째, 문제의식 이면에는 항상 목표의식이 있다는 점을 알고 있어야 한다. 문제의식을 갖는다는 것은 확실한 목표를 갖고 현상을 포착한다는 것이다. 문제의식은 목표가 없는 사람에게서는 나오지 않는다. 불만은 많으면서 현상을 바꾸려는 의식이 없는 사람에게는 문제가 보이지 않는다. 더구나 매일매일 안일하게 지내려고 하는 사람에게서는 문제의식이 나올 수 없다. 문제의식이 없는 사람은 현상에 만족하고 있는 것인데 현상 유지는 곧 후퇴로 이어지게 된다는 것을 깨우쳐야 한다. 그러므로 문제의식을 가지기 위해서는 현재 어떤 방향으로 나가려고 하는지, 목표는 무엇인지를 확실하게 인식하는 것이 먼저다. 뚜렷한 목표를 가지면, 그 목표에 도달하기 위해 어떤 문제를 해결하지 않으면 안 될 것인가를 스스로 찾아보게 된다.

둘째, 목표를 실현하고 싶다는 강력한 신념이나 욕구가 있어야 한다. '내 집을 갖고 싶다'는 목표를 갖게 되었다고 하자. 그런데 이 목표가 '친구가 집을 샀으니 나도 사야지' 하는 친구 따라 강남 가는 정도의 욕구와 '무슨 일이 있더라도 꼭 내 집을 가져야만 하겠다'라는 강력한 욕구는 엄청난 차이가 있다. 물론 다른 사람과 비교하고 경쟁하여 목표를 갖는 것이 나쁘지는 않다. 하지만 될 수 있으면 스스로가 진정으로 이루고 싶은 목표를 갖는 것이 더 중요하다.

셋째, 목표에 관한 이미지를 확실하게 한다. 예를 들어 '내 집을 짓겠다'라는 목표를 가졌다면 지어야 할 집의 모습을 구체적으로 상상해야 목표를 이룰 가능성이 더 커진다. 주변의 경관, 크기, 외관이나 내부 디자인, 조경에 이르기까지 명확한 이미지를 세우는 것이 좋다. 좀처럼 이미지가 떠오르지 않을 때는 자기가 갖고 싶은 집의 이미지에 가까운 집을 잡지나 카탈로그 등에서 찾아보고 스크랩하여 파일북을 만들어보면 된다. 그런 노력을 되풀이하며 자신의 진정한 욕구를 확인하다 보면 집의 이미지가 확실하게 만들어진다. 목표에 관한 이미지가 확실하게 떠올라 그것을 말로 설명할 수 있고, 그림으로도 그릴 수 있게 된다면 목표의 실현이 멀지 않았다고 할 수 있다. 이처럼 목표에 대하여 생생한 이미지를 갖는다는 것은 일을 추진할 때 무척 중요하다. 목표에 관련된 정보는 가능한 한 많이 수집하여 이미지에 맞는 것을 취사 선택하여 정리한다. 그러는 가운데 차츰 이미지가 확정되어 타킷Target으로서 굳어지게 된다.

넷째, 중요한 것은 데드라인을 설정한다. 목표에 따라서는 긴 시간이 필요할 때도 있다. 하지만 어느 경우든 기한을 설정하지 않으면 안 된다. 목표 달성 기한이 짧아질수록 해결해야 할 문제도 더 어려워진다. 그래도 기한을 정해놓고 노력하면 극단의 최선안이 마련되기도 한다.

마지막으로 해결을 위한 시나리오를 작성하는 것이다. 명확한 문제의식이 있다면 어느 정도까지 목표 달성에 필요한 순서, 절차가 떠오르게 된다. 어떤 순서로 목표에 도달할 것인가를 겨냥하면 굵직한 시나리오를 그릴 수 있다.

조직에서 목표 달성을 이루어내기 위해서는 문제의식을 전 조직에 공유할 필요가 있다. 조직 차원에서 목표를 명확히 설정하고 각각의 이미지를 합성시킨 후 타깃을 결정하여 마지막으로 목표 달성까지 시나리오를 그려볼 필요가 있다.

문제해결 프로세스

문제의식이 생기면 절차에 따라 문제해결 프로세스로 나아간다. 문제해결 프로세스는 마치 일류 요리사가 맛있는 요리를 하는 절차와 비슷하다. 최고의 맛은 언제나 신선한 재료, 올바른 요리법, 요리사의 솜씨가 빚어낸다.

그런데 맛없는 요리처럼 문제해결이 안 되는 경우는 3가지 요소를 살펴봐야 한다.

첫째, 신선한 재료에 해당하는 '질 좋은 정보가 있는가?'다. 문제를 인식하기 위해서는 정보가 가장 기본적인 필요 사항인데 진부한 정보나 조악한 정보로는 올바른 문제의식을 가질 수 없다. 따라서 정보가 모자라기 때문에 문제가 무엇인지 알 수 없는 것이다.

둘째는 올바른 요리법으로 양질의 정보를 많이 가지고 있으면서도 그 정보로부터 훌륭하게 문제를 도출해내는 방법을 모르는 경우다. 같은 정보를 접하고서도 금방 문제의 소재를 알아차려 문제의식을 가지는 사람이 있는 반면, 중요한 정보인 것 같아 문제형성에 도전해보지만 중도에 포기하는 사람도 있다. 요리법이 잘못되면 아무리 신선한 재료도 보잘것없어지는 것과 마찬가지다.

셋째는 요리사의 솜씨에 해당하는 노력과 훈련이다. 예술가나 스포츠맨처럼 타고난 소질도 중요하지만, 재능도 연습량에 따라 결과는 큰 차이를 낸다. 문제해결도 많은 다양한 문제를 해결하는 경험과 훈련이 필요하다. 솜씨 좋은 요리사는 재료가 좀 나빠도 어느 정도의 맛을 연출하여 손님을 만족시키는 힘을 갖고 있다. 많은 경험을 가진 베테랑은 직감으로 '이 고기는 어떻게 요리하면 맛있게 먹을 수 있을까?'를 한눈에 보고 금방 판단한다. 문제의 패턴 인식도 다를 바 없다. 문제해결에 익숙한 사람은 문제를 발견한 단계에서 이것은 어떤 유형의 문제인가, 지금까지의 방법으로 해결할 수 있을 것인가, 새로운 해결 방법을 필요로 하는가? 등 문제의 패턴을 판별할 수 있다.

리더의 액션
선제적 문제해결로 성과 더하기

최근 댄 히스Dan Heath가 쓴 책 『업스트림Upstream』에는 문제해결에 대한 보다 적극적인 대응방안을 제시하고 있어 소개한다. '업스트림과 다운스트림Downstream'은 "냇가에 떠내려오는 아이들을 계속 구조할 것이 아니라, 생각을 바꾸어 상류에서 냇가로 아이들을 던지는 사람을 찾아 멈추게 하자."라는 이야기로 출발한다. 여기에서 업스트림은 문제가 생기기 전 이를 막으려는 행동이나 노력이고, 다운스트림은 발생한 문제를 해결하는 행동이나 노력을 말한다. 독자 여러분은 어떤 스타일인가? 문제를 해결하는가? 아니면 발생할 문제를 예방하는가? 지금부터 문제 예방의 해결책을 제시하는 업스트림 속으로 들어가 보자.

당연하게도 우리는 업스트림을 추구해야 한다. 그런데 왜 업스트림이 어려운가? 저자는 업스트림 사고를 위한 세 가지 장애 요인을 제시했다.

첫째, 문제실명Problem Blindness이다. 문제가 보이지 않으면 해결할 방법을 찾을 수 없다는 뜻이다. '스포츠 선수에게 부상은 당연하고 어쩔 수 없다'라는 통념을 극복한 미국 축구팀 사례를 들고 있다. 이전에는 부상을 문제로 보지 않는 인식이 업스트림 사고를 방해하는 요소인 Problem Blindness이었다. 하지만 업스트림 관점에서 스포츠를 하다 보면 부상은 당연하다는 통념을 뒤옆고 부상은 훈련으로 극복된다는 인식으로 포지션별, 플레이어별 분석을 통해 훈련 방식을 분류하고 체계적인 훈련 시스템 도입으로 부상 발생을 현저히 감소시켰다. 이를 통해 성공적인 업스트림 리더가 되기 위해서는 복잡한 구조에서도 빠른 문제인지, 문제해결의 핵심적인 레버리지 포인트 확인, 성공 여부를 측정할 수 있는 합리적 방법 모색, 함께 일할 수 있는 혁신적이고 새로운 방식 강구, 성공 방정식이 조직 내에서 지속적으로 작동할 수 있도록 내재화 등의 역량을 기를 것을 주문한다.

둘째는 주인의식 결핍A Lack of Ownership이다. 이는 어떤 문제가 발생하면 이건 내가 해결할 문제가 아니야라고 생각하는 것을 말한다. 예일대학교 로스쿨 학장 제니 포러스트Jeannie Forrest는 교수 회의에 참석했을 때 앞에 앉아 있는 참석자가 시선을 가리고 있어 좌우로 몸을 움직이는 등 시야 확보를 위해 노력했지만 제대로 볼 수가 없었다. 그런데 본인이 의자를 옮기고 나서야 시선이 제대로 확보되었다. 이는 처음부터 자신의 통제 밖에 있는 앞자리 사람이 아닌 자신의 의자를 움직였으면 문제가 해결되었다. 이 사례의 업스트림 활동은 스스로 선택할 수 있다는 것을 말하고 있다. 일반적으로 문제에 대응하는 다운스트림 활동만을 수행하고 근본적인 문제를 해결하지 못하는 사람들은 오너십이 부족하다는 것을 알게 해준다.

세 번째는 터널링Tunneling이다. 근본적인 문제해결 없이 끝없이 주기를 반복하고 유지하는 현상을 말한다. 여러 가지 문제가 동시에 발생하거나 여유가 없을 경우, 모든 문제를 해결할 수 없다면 차라리 문제해결 노력을 포기하게 되는 경우가 있는데 이렇게 되면 장기적 비전 없이 앞만 보고 가는 터널링 비전Tunneling Vision을 택하게 된다. 이처럼 문제에 대한 전략적 우선순위가 사라지고 눈앞의 문제만을 해결하려는 현상이 터널링이다.

더 강한 터널링으로 이어지고 그에 따른 집중은 효율로 이어지지만, 주변을 볼 수 없게 만들기도 한다. 따라서 터널에서 나와 생각할 수 있도록 조금의 시간을 갖는 것이 필요하다. 문제해결 과정과 능력도 중요하지만 문제를 사전에 인식하고 선제적으로 예방하는 능력이 리더들에게 요구되는 요즘 시대 필요한 책이다.

현장에 문제가 있다면 답도 현장에 있다고 생각한다. 문제를 잘못 규명할 수는 있어도 세상에 답 없는 문제는 없다. 문제를 알아차려 즉시 해결하면 조직 성과에 '1' 정도의 손해로 마무리할 수 있는 것을, 문제를 몰라서 해결이 늦어지면 문제는 문제를 넘어 위험Risk으로 확대되어 조직 성과에 '100' 정도에 해당하는 손해를 끼치게 된다. 조직 내 치명적인 손해를 끼치는 일을 막기 위해 리스크 매니지먼트가 필요하게 된다. 그런데 위험을 관리하지 못하면 그 위험은 더 커져서 '위기Crisis'가 되고, 위기를 제대로 대응하지 못하면 '재앙Disaste' 단계로 발전한다. 만약 재앙 단계까지 간다면 조직은 생존 여부가 불확실해질 만큼 심각해진다. 실제로 작은 문제를 사전에 해결하지 못해 망하는 단계까지 간 조직의 사례는 의외로 많다.

따라서 리더들은 항상 문제가 무엇인가를 생각하는 문제의식을 가져야 한다. 문제를 단순히 잘못된 것으로 보지 말고, 더욱 발전하고 성장하기 위한 건강한 긴장감으로서 목표 도전 의식으로 보아야 한다. 그리고 문제를 두려워하거나 회피하지 말고 합리적인 고민을 하다 보면 문제해결의 능력자가 될 수 있다.

우리가 살아가는 동안 문제는 늘 상존한다. 어쩌면 문제가 없는 것이 문제다. 문제를 즐기며 해결해가는 것이 진정한 리더이고 성과를 창출하는 길이다.

리더십 액션 가이드

- 구성원들과 문제의 정의, 종류, 단계별 심각성을 공감하라.
- 일상업무에서 발생하는 문제의 근본원인을 규명하고 합리적인 대응책을 강구하라.
- 조직에서 반복되는 문제는 대응책을 매뉴얼로 만들어 재발을 방지하라.
- 목표의식 있어야 문제의식이 있음을 교육하고 전파하라.
- 현장에 '문제'가 있고 현장에 '답'이 있음을 명심하라.
- 문제해결에 필요한 정보를 충분히 수집하여 공유하라.
- 복잡한 문제일수록 구조적으로 단순화하여 생각하라.
- 문제를 정리하고 목적에 맞추어 우선순위를 정하라.
- 환경변화나 장애 요인에 대해 사전에 대비책을 세워라.
- 문제해결 프로세스와 방법론을 이해하고 업무에 적용해라.

12장

차별성

1%의 디테일이 좌우한다

잘나가던 회사가 무너지는 이유는 뭘까. 열심히 한 것은 비슷한데 어째서 누구는 성공하고 누구는 실패할까? 그 사이에 어떤 차이가 있을까. 아이디어? 열정? 비전과 전략? 물론 그런 것들이 성패를 가를 수 있다. 그러나 결정적인 이유는 그것들이 아니다. 사실 개인의 지능과 체력에는 큰 차이가 나지 않는다. 기본적인 것은 누구나 다 갖추고 있다. 그런데 아주 미묘하고 작은 차이에서 성공과 실패가 나뉜다. 기업도 마찬가지다. 비전과 규모의 차이에서 우열이 갈리는 것이 아니다. 기술력과 제품은 엇비슷한 경우가 많다. 그 자체보다도 그것을 둘러싼 세부적인 것, 각자 업무 하나하나를 얼마나 세심하게 최선을 다하느냐의 기업문화가 승패를 판가름한다. 결국 그 세심한 디테일이 관건인 것이다.

디테일에 관해 『중용』 23장처럼 잘 설명한 말은 없다고 생각한다.

"작은 일도 무시하지 않고 최선을 다해야 한다. 작은 일에도 최선을 다하면 정성스럽게 된다. 정성스럽게 되면 겉으로 드러나고 겉으로 드러나면 이내 밝아진다. 밝아지면 남을 감동시키고, 남을 감동시키면 변하게 되고 변하면 생육된다. 그러니 세상에 지극히 정성을 다하는 사람만이 나와 세상을 변하게 할 수 있다."

그러므로 흔히 성공 요소로 드는 비전, 열정, 아이디어, 전략, 실행력 등등보다 정작 지금의 우리에게 절실한 것은 지극한 정성, 즉 '디테일'이 아닐까 하는 생각이 절로 든다.

99%와 100%의 사이에는 단 1% 차이가 난다. 그런데 과연 그럴까? 어떤 회사가 자신이 만든 제품과 서비스에서 1%의 편리함을 증대시켰다. 그랬더니 시장점유율에서는 이 1%의 편리함이 월등한 차이를 가져왔다. 소비자들이 상품을 비교할 때 동일한 성능이라면 1%의 디테일에 손을 들어준 결과다. 결국 1%가 100%를 좌우하게 된 셈이다. 그래서 잘 나가는 기업들조차 디테일에 목숨을 거는 이유가 여기에 있다.

매일 아침 카톡으로 좋은 글을 소개해주는 인생 대선배가 있다. 요즘은 SNS가 발달해 좋은 글을 주고받기가 편리해졌으니 여러 사람에게 받기도 하거니와 본 것을 또 보내오는 경우도 많아서 여간해서는 그냥 흘려보내게 된다. 그런데 이 선배는 다르다. 하루도 빼놓지 않고 매일 보내오는 것도 그렇거니와 내게 꼭 필요한 글을 골라 보내준다.

그러다 보니 어느새 아침이면 글을 기다리게 되고, 읽고 나서 감사와 감동으로 하루를 시작하게 된다. 그분의 디테일에 감동한 나는 스스로 변하는 것이다. 마침 며칠 전에 그가 보내준 글이 디테일과 연관 있어 일부를 소개한다.

〈매순간 우리가 몸을 던져야 할 1인치〉

1999년 나왔던 영화 〈애니기븐선데이Any Given Sunday〉를 보신 적 있나요? 인생의 축약판이라고 볼 수 있는 미식축구를 통해 우리 삶의 의미에 대해 돌아볼 수 있게 하는 영화였는데요. 축구감독으로 나오는 배우 알 파치노가 정말 중요한 경기 마지막에 선수들을 라커룸에 모아두고 이런 대사를 해요.

"무슨 말을 해야 할지 모르겠네. 좀 있으면 지금 우리 인생에서 가장 중요한 3분이 시작될 테니 말이야. 우린 지금 지옥 한가운데 있어. 그냥 주저앉아 버릴 수도 있고, 아니면 1인치씩 기어 올라갈 수도 있겠지."

"내 인생을 봐. 믿을지 모르지만 나는 가진 돈을 다 갈겨 써 버렸어. 사랑했던 사람들은 다 쫓아버렸지. 요샌 거울 보는 것도 힘들 정도로 내가 싫어. 모두 잃었다는 걸 알게 되면 그제야 깨닫게 되지. 인생이라는 것은 1인치의 게임이라는 것을 말야."

"인생이나 축구나 마찬가지야. 매 경기 매 순간 성공과 실패의 차이는 억울할 정도로 근소하지. 반 발짝만 뒤처져도, 0.5초만 늦어도 모든 게 어그러져. 우리가 잡아야 하는 그 근소한 1인치는 우리 주변에 널려 있어. 매 순간 우리가 몸을 던져야 하는 1인치들이 존재하지."

"우리 팀의 목적은 그 1인치를 잡기 위해 싸우는 거야. 몸을 갈기갈기 찢기고 손톱이 꺾이더라도, 그 1인치를 부여잡기 위해 함께 싸우는 거야. 왜냐면 그 1인치들이 모여서 승자와 패자가 갈리기 때문에. 그 1인치들이 모여 삶과 죽음을 가르니까. 결국 모든 것이 그 1인치에 달려 있으니까."

느닷없이 영화의 대사를 소개하는 이유는 오늘날 세계를 주름잡는 크고 작은 혁신이 바로 1인치를 위해 몸을 던지는 미식축구 선수들처럼 이뤄지고 있기 때문이에요. 아무리 작은 것들이라도 그 속에서 뛰어난 것을 만들기 위해 모든 사람들이 함께 뛰어드는 팀워크과 리더십. '1인치' 라는 정말 작은 목표를 향해 몸무게 100kg 이상의 근육덩어리 선수 11명 전원이 함께 몸을 내던지는 집중력. 바로 여기에 혁신기업, 국가, 조직의 성패가 달려 있다는 생각을 하게 되는데 여러 사례가 있지만 몇 가지만 소개할게요.

〈전자공시를 분석하는 인공지능〉

미국의 유명 헤지펀드 중에는 르네상스 테크놀로지라는 곳이 있어요. 사이먼스라는 천재수학자가 만든 회사인데 기상천외한 방법으로 기업들을 분석하여 투자하는 것으로 유명하죠. 이 회사가 사용하는 투자방식 중 하나를 예로 들면 이래요.

먼저 금융감독원 전자공시 시스템EDGAR Filing System에 업로드 되어 있는 기업들의 공시정보들을 모두 다운로드 받은 다음 인공지능에게 각 언어들을 학습시키는 거예요. 특히 주가에 긍정적/부정적 영향을 미치는 단어들을 학습시키는 거죠. 왜 이런 일을 했을까요? 기업들은 자기 회사 내부의 분위기를 알고 있어요.

- 사업이 잘 되어가고 있는지
- 사업에 확신이 있는지
- 미래가 얼마나 밝은지

등등에 대해 기업들은 내부적으로 어느 정도는 알고 있죠. 하지만 실적 자료에 이게 다 드러나지는 않아요. 오로지 오묘한 단어 선택과 뉘앙스를 통해 투자자들은 그걸 읽을 수 있을 뿐이죠. 그런데 르네상스 테크놀로지는 그 오묘한 분위기를 '단어 선택'을 분석하는 인공지능을 통해 읽어내려 시도한 거예요.

<땀흘려 얻은 1인치>

르네상스 테크놀로지의 이런 시도는 과연 쉬웠을까요? 어제 퀴츠라는 미국 경제언론에서 금감원 전자공시 사이트에 올라온 글들의 뉘앙스를 읽는 인공지능에 대한 기사를 내보냈어요. 이 기사를 읽다 보면 얼마나 르네상스 테크놀로지가 지난 10여 년간 하루하루 1인치 전진을 위해 노력했는지 알 수 있어요. 2004~2016년 동안 이 회사는 모두 53만 6753건의 금감원 전자공시 자료를 다운로드 받았는데요.

- 12년간 536,753건
- 1년에 44,729건
- 1일에 122건

이 정도의 기업공시 문서들을 뜯어봤다는 이야기에요. 물론 처음에는 사람이 하다가 점차 인공지능으로 문서들을 분석했겠지만요. 중요한건 다른 헤지펀드들에 비해 그 시도가 월등히 많았다는 점이에요. 그리고 르네상스테크놀로지의 인공지능은 다른 회사들에 비해 더욱 똑똑해져 있겠죠.

하지만 이건 매일 1인치씩 다른 회사들을 앞질러 나갔기 때문에 가능했던 결과예요. 예를 들어 3위 바클레이스의 경우 같은 기간 37만 7280건의 자료를 다운로드받아 분석했는데요.

- 12년간 377,280건
- 1년에 31,440건
- 1일에 86건

하루 단위로 치면 르네상스나 바클레이스의 차이는 40건 정도 밖에 되지 않아요. 하지만 그렇게 매일 12년간 쌓인 결과의 차이는 양사 인공지능 수준의 거대한 차이를 낳아요.

<노박 조르코비치의 1인치>

오늘날 세계랭킹 1위 테니스 선수인 노박 조르코비치의 통계를 보면 그는 경기를 거듭하면서 매 순간 1점을 더 딸 확률을 높이는 데 주력했어요. 경기를 이기는게 아니라요. 그 결과 그가 매 경기에서 한 포인트를 이길 확률은 서서히 높아졌죠.

- 2004~2005 : 포인트 승리 확률 49%
- 2006~2010 : 포인트 승리 확률 52%

· 2011~2016 : 포인트 승리 확률 55%

그랬더니, 나타난 결과는 아래와 같아요.

· 2004~2005 : 승률 49%

· 2006~2010 : 승률 79%

· 2011~2016 : 승률 90%

작은 1인치. 작은 1점이 주는 결과는 이처럼 거대했어요. 애플, 르네상스 테크놀로지 같은 혁신기업들은 이처럼 그토록 작은 1인치가 거대한 결과를 만든다는 사실을 알고 있어요. 그래서 전 직원들이 그 1인치를 나아가기 위해 적들을 부숴버리려 하고 있죠. 그들은 또한 결과만을 지향하지 않아요. 결과를 만드는 것은 1인치라는 것을 알고, 그 작은 1인치를 만드는 데 리더들이 집중하죠. 리더들은 디테일까지 잘 알고 있어요. 그래서 세세한 1인치까지 직원들과 함께 만들기 위해 합심하죠. 지금 세계를 주름잡는 혁신은 1인치의 게임에서 비롯해요. 하루하루 1인치 앞서 나가기 위한 게임 말이에요.

성장의 모멘텀을 찾아라

최정상급 대가들을 인터뷰하고 그들의 성공 비결을 집대성한 책 『성공하는 사람들의 7가지 습관』은 전 세계적으로 수백만 부가 팔린 베스트셀러다. 그런데 정작 이 책의 저자 스티븐 코비 자신은 파산했다. 세계적인 성공 바이러스를 전파한 그가 왜 파산했을까?

"내가 쓴 책 내용대로 살지 않았기 때문입니다."

세계적으로 성공한 사람들에게는 그들만의 디테일이 있다. 그런데 스티븐 코비는 그것을 실행하지 않았다는 고백을 한 것이다. 한편 오랫동안 영업을 해 나름대로 성공한 사람들은 자신의 성공 경험에 사로잡혀 변화를 거부하기도 한다. 반대로 실패의 경험에 사로잡힌 사람들은 '나는 도저히 할 수 없어'라는 의식이 팽배해 있다. 사실 나도 스티븐 코비처럼 경험이 나를 위태롭게 하고 패망의 늪까지 가게 한 적도 있다. 한곳에 머무르고 안주하면 썩는다. 썩으면 망하는 게 세상 이치다. 때로 후배나 동료들이 자랑처럼 "저는 영업만 평생 했습니다."라고 말한다. 그걸 들으면 "아 정말 존경스럽습니다."라고 해줘야 할 텐데 나는 이미 경험했고 변화하지 않으면 끝난다는 걸 알고 있다. 그래서 그들에게 "기획도 해보고 마케팅도 해보고 경영관리 전반에 대한 업무를 해야 영업을 하더라도 체계적이고 효과적으로 할 수 있다."라고 강조한다.

이처럼 그들을 변화시키고 그들이 느끼는 한계를 돌파해주는 것이 리더의 역할이다. 물론 리더라면 누구나 이런 상황을 극복하기 위해 회식이나 정기 면담, 동기부여와 같은 노력을 한다. 문제는 지극한 정성으로 만들어지는 디테일이 부족하여 그것들을 이벤트성으로 몇 번 하고 그만두는 경우가 많다는 점이다. 사업부 방향과 목표 그리고 KPI를 제시하고 공감하였다고 해서 리더의 일이 다 끝난 것이 아니다. 매출 숫자만 챙기는 것이 아니라 제대로 된 영업활동들이 제대로 된 프로세스에 의해서 작동되는지 철저하고 독하게 챙기고 또 챙겨야 한다. 이것이 디테일이다. 앞서 본 것과 같이 1%의 차이가 100%를 좌우한다는 점을 명심해야 한다.

미국 유학 시절 배운 시스템 이론을 사업부 경영과 리더십에 접목해 활용한다. 경영은 경영 프로세스에 자원이 되는 사람, 기계, 돈, 정보, 시간 등을 투입하여 활동프로세스을 통해 성과를 창출하는 것이다. 여기서 프로세스는 개발, 조달, 생산, 판매, 물류, 경영관리 등 의사결정 과정이다. 이러한 인풋과 과정의 결과로 경영성과가 산출되는데, 그 성과는 단순히 수익률만을 의미하는 것이 아니고, 직원들에게는 보람과 보상, 고객에게는 가치, 사회적으로는 세금, 일자리 창출 등 기업의 사회적 책임 측면을 모두 포괄한다고 말할 수 있다. 다음 그림과 같이 시스템 이론을 정리할 수 있다.

시스템 이론

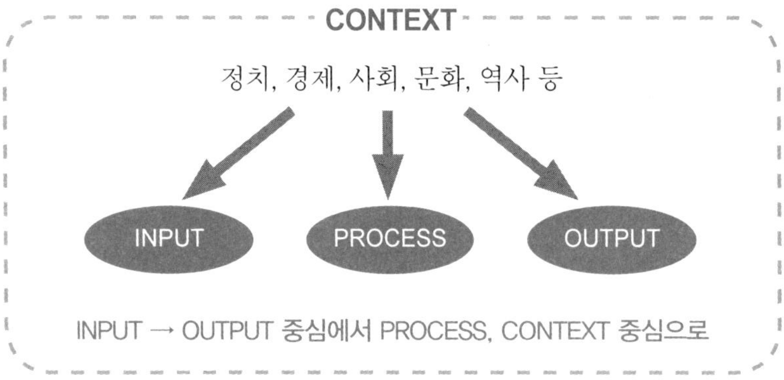

CONTEXT

정치, 경제, 사회, 문화, 역사 등

INPUT   PROCESS   OUTPUT

INPUT → OUTPUT 중심에서 PROCESS, CONTEXT 중심으로

모든 사람은 자기 일을 누구보다 잘한다는 착시현상에 사로잡히기 마련이다. 그것은 멈춤을 의미한다. 성장은 부족함을 아는 순간부

터 찾아온다. 부족한 자신의 박스 속에서 빠져나와 새로운 시선, 시각, 시야로 업무의 본질을 뚫어야 한다. 사람, 자연, 책 안으로 들어갈 때 우리는 기회를 찾고 성장의 모멘텀으로 삼을 수 있다. 이럴 때 내가 자주 인용하는 것이 '성을 쌓은 자는 망하고 길을 놓는 자는 흥한다'라는 무브먼트를 외친 칭기스 칸의 말이다. 그래서 후배들이 'because of'를 말할 때면 칭기스 칸의 어록을 얘기해준다.

〈칭기스 칸의 어록〉

집안이 나쁘다고 탓하지 말라.

나는 아홉 살 때 아버지를 잃고, 마을에서 쫓겨났다.

가난하다고 말하지 말라.

나는 들쥐를 잡아먹으며 연명했고,

목숨을 건 전쟁이 내 직업이고 내 일이었다.

작은 나라에서 태어났다고 말하지 말라.

그림자 말고는 친구도 없고, 병사로만 10만,

백성은 어린애, 노인까지 합쳐 2백만도 되지 않았다.

배운 것이 없다고, 힘이 없다고 탓하지 말라.

나는 내 이름도 쓸 줄 몰랐으나,

남의 말에 귀 기울이면서 현명해지는 법을 배웠다.

너무 막막하다고 그래서 포기해야겠다고 말하지 말라.

나는 목에 칼을 쓰고도 탈출했고,

뺨에 화살을 맞고 죽었다 살아나기도 했다.

적은 밖에 있는 것이 아니라 내 안에 있다.

나는 내게 거추장스러운 것은 깡그리 쓸어버렸다.

나를 극복하는 그 순간 나는 칭기스 칸이 되었다.

리더의 액션 1

디테일한 도입생태계 만들기

호남사업부는 매년 매출이 20%씩 증가했다. 보험영업에서 매출을
확대하기 위해서는 기존 설계사의 역량을 상승시키는 것도 중요하지
만, 그보다는 영업 인력을 늘려야 한다. 즉 새로운 설계사들을 도입하
여 육성해야 인력을 늘릴 수 있다. 이렇게 신규 영업인력 육성을 '리
쿠리팅'이라고 하고 이를 '도입'이라는 용어로 사용한다. 나는 사업부
장으로서 이처럼 중요한 도입만큼은 죽을 듯이 챙겨야겠다고 생각하
고 '도입만이 살길이다'라는 캐치프레이즈까지 걸고 컨퍼런스를 시
작하여 150명의 영업팀장과 함께 긴 여정에 들어갔다. 도입의 성공
사례부터 만들어 보여주어야 했다. 그것을 위해서는 우선 도입생태계
부터 만들어야 했다. 사업부장, 지역단장, 지점장, 총무, 영업팀장으로
이어지는 라인이 매일 숨을 쉬듯이 해야 한다는 취지로 '생태계'라는

용어를 사용한 것이다. 살아 숨 쉬시듯이 각자가 맡은 일을 체크리스트에 입각하여 자생적으로 충실히 수행할 때 도입생태계가 작동하여 도입 활동이 중단되지 않고 지속 성장이 가능하다는 뜻이다. 가장 힘든 것은 역시 목표와 공감이었다. 임직원들이 처음에는 생태계가 주는 용어에 낯설어했지만 시간이 지날수록 익숙해지기 시작했다. 그래서 나는 도입생태계의 의미를 확대해서 영업생태계로 나아갔다. 생태계가 가진 자생적이고 복합체라는 키워드를 영업으로 확대한 것이다. 영업관리자가 제시하는 목표에 수동적이고 피동적으로 대응하는 영업 체계에서 설계사 한 사람 한 사람이 자생적이고 주체적으로 자신의 목표를 향해서 능동적으로 영업을 하는 모습이 바람직한 생태계이기 때문이다. 그래서 사업부는 도입생태계를 통해서 매 순간 자신이 해야 할 일을 체크리스트에 입각하여 실행해나갔다. 나는 수시로 생태계가 작동되는지 현장에서 모니터링하고 도입 관련 일지를 통해 도입을 챙겨나갔다. 호남사업부는 이렇게 도입에 성공하지 못했다면 목표를 달성할 수 없었을 뿐만 아니라 1등 사업부가 결코 될 수 없었을 것이다.

리더의 액션 2

질문으로 디테일 챙기기

개인 업무의 디테일은 태도와 체크리스트와 같은 도구가 좌우하지만 리더가 부하육성을 할 때 가장 효과적인 디테일 방법은 질문이다. 그래서 나는 주로 질문으로 후배들에게 업무 방법과 그들의 업무별 R/R을 명확하게 정리해주곤 한다. 보고는 늘 자신의 KPI를 중심으로 하되 '선언'적인 보고 수준이 아닌 현장에서 실제 적용 가능한 디테일한 실천 아이템 중심으로 할 것을 주문한다.

어느 날 사업부 내 관행적으로 해왔던 시상안*을 조금 바꾸었다는 보고를 받았다. 혼자 고민해서 가져온 것인지 누구와 사전에 상의한 것인지는 모르겠으나 거의 '선언Declare'였다. 물론 그 선언이 맞을 수도 있고 안 맞을 수도 있다. 그래서 이런 질문이 오갔다.

"사업부장님, 이 시상안은 이렇게 하겠습니다."

"그래, 알았네. 근데 이렇게 하면 잘되는 거야?"

"예, 잘될 것 같습니다."

"어떤 근거로 잘된다고 생각하지?"

"그동안 이렇게 해왔습니다."

"그럼 이 시상안에 대해 현장에 물어봤나?"

"아니오."

"다른 사업부는 어떤 시상을 하려고 하는가?"

"모르겠습니다."

그래 알았네. 잠시 침묵이 흐른 후 나는 네 가지를 질문했다.

----

* 설계사 영업 활성화를 위한 보상 제도

1. 이 시상안은 왜 만들어졌는가?

- 이 시상안이 만들어진 배경과 취지는 무엇인가?

- 이 시상안을 통해서 얻으려고 하는 목적은 무엇인가?

- 이 시상안으로 혜택을 보는 고객은 누구인가?

- 이 시상안이 경영성과에 미치는 정도는 어느 정도인가?

2. 이 시상안은 어떻게 만들어졌는가?

- 사업부 내 시상안을 분석해봤는가?

- 고객들이 가장 원하는 시상안은 무엇인가?

- 다른 사업부의 베스트 시상안은 무엇인가?

- 최근 시상 상품으로 뜨는 제품은 무엇인가?

- 후보안 중 영업관리자나 설계사들의 평은 어떤가?

3. 이 시상안이 설계사들이 정말 원하고 도전할 만한가?

- 시상안이 설계사들에게 가치Value를 주는가?

- 가격 대비 가치가 있는가?

- 관심을 갖고 달려들 만한 독특하고 참신한가?

4. 이 시상안을 실행했을 때 예상되는 결과는 무엇인가?

- 매출이 어느 정도 올라갈 것인가?

- 손익 측면에서는 어느 정도 기여할 것인가?

- 현장에서의 시상 예상 참여도는 어떤가?

이 질문에 대해 그는 대부분 답변하지 못했다. 사실 100% 완벽한 시상안은 있을 수 없다. 하지만 시상안은 현장에 내려갔을 때 설계사들을 가장 효과적으로 움직이게 하는 도구여야 한다. 그런데 기존에 늘 하던 대로 냉장고, 세탁기와 같은 가전제품 등을 시상으로 준다면 설계사들이 좋아할까? 집에 냉장고나 세탁기 없는 설계사가 요즘 있을까? 그들이 실질적으로 원하는 것은 금이나 현금이 아닐까?

아니면 해외여행도 좋은 시상안이 될 수 있을 텐데 더 고민해 현장에 먹힐 수 있는 시상을 만들어야 한다.

처음에는 이런 질문 자체에 매우 당황해하는 모습들이었으나 시간이 가면서 훈련이 되니, 이제는 자동으로 4가지 질문을 바탕으로 보고한다. 2년 동안 우리 스태프들은 엄청나게 성장했고 타 사업부 대비 연령과 직급은 낮지만 앞서가는 사고와 실행으로 1등 사업부를 견인했다.

주기적으로 매출 결과뿐만 아니라 설계사 도입 현황, 컨설팅, 교육 관련 등 진행 사항 프로세스 현황 등을 점검하고 피드백을 했다. 사업부 스태프들하고는 관련 자료를 중심으로 토의하고 새로운 아이디어를 발산하는 미팅을 지속적으로 실시했다.

질문의 힘은 대단하다. 질문은 모르거나 의심나는 점을 물어서 사실을 확인하거나 감정을 확인하는 것이며 알고 싶은 것을 명확히 하기 위해서는 반복하기와 요약하기가 있다. 다음은 참고로 질문의 효과다.

- 질문하면 답이 나온다.

- 질문은 생각을 자극한다.

- 질문하면 정보를 얻는다.

- 질문하면 통제된다.

- 질문은 마음을 열게 한다.

- 질문은 귀를 기울이게 한다.

- 질문에 답하면 스스로 설득된다.

질문에는 다음과 같은 8가지 특징이 있다.

❶ 질문은 직원에게 자율적인 사고를 촉발하는 자극제다.

❷ 질문은 직원의 속마음을 탐구하는 계기다.

❸ 질문은 새로운 시각을 발견하고 현재의 사고를 확대시킨다.

❹ 질문은 직원 스스로 자신의 내면을 잘 알도록 돕는다.

❺ 질문은 대화의 진행에 결정적인 영향을 미친다.

❻ 올바른 질문이란 없으며 특정 맥락에 효용성이 달라진다.

❼ 질문은 근본적으로 관심과 존중이 전제된다.

❽ 질문은 직원에게 정보를 끌어내는 방법이다.

리더십 액션 가이드

- 주요 목표에 대해 공감하고 수행 방법을 합의하라.
- 주요 KPI만 챙기지 말고 인풋, 프로세스, 아웃풋 및 상황 정보 관련 유의미한 데이터를 분석해서 소통하라.
- 자발적이고 주체적인 업무 활동을 할 수 있도록 업무 영역별 '생태계'를 구축하라.
- 어려운 환경이지만 지속적으로 '할 수 있다'라는 문화를 만들어라.
- 대답하기 편한 질문으로 말문을 열고 본론으로 들어가라.
- 한 번에 한 가지만 질문하고 동일 질문을 반복하지 마라.
- 선입견으로 하는 공격성 질문이나 유도 질문을 피하라.
- 부하의 질문은 어떤 내용이라도 우선 받아들이고 그런 후에 질문 내용을 요약하거나 반복하여 의미를 분명히 하라.
- 폐쇄적 질문은 지양하고 개방적 질문을 해서 창의적이고 효과적인 생각을 할 수 있도록 하라.
- 부하의 질문에 강하게 반문하지 마라.

13장

권한위임

권한위임의 생산적 가치

"이 과장! 이번 달 매출이 왜 이렇게 저조합니까?"

"죄송합니다. 부장님께서 지시한 대로 전략을 수립해 실행했는데 좀처럼 실적이 나아지지 않고 있습니다. 더 열심히 해보겠습니다."

"내가 지시한 것을 제대로 하기나 했나요?"

"네. 부장님 말씀에 제 나름대로 SNS로 접근할 툴을 만들어 실행해보았습니다."

"아니 왜 쓸데없는 일을 해요. 젊은 친구들은 구매력이 없어요. 팸플릿 들고 한 발 더 뛰라고 몇 번이나 말해야 알아들어요."

"그게 아니라… 요즘은 3, 40대도 모두……!"

오늘도 많은 리더가 한 번 지시하면 척척 알아들길 바라고 결과물을 내놓지 않는다고 호통치기 바쁘다. 후배가 하는 일은 모두 허점투성이고, 질책이라도 한마디 할라치면 '이렇게 시키지 않았느냐'고 되레 원망하는 표정을 짓는다. 그러나 리더들이여, 착각하지 마라. 성과가 나지 않는 이유는 그들이 아니라 리더 당신에게 있다. 리더는 자신이 맡은 조직과 사람에 대해 책임지는 사람이다. 즉, 직원들이 성과를 내지 못하고 있다면 그들의 성과를 책임지고 있는 리더로서 직무유기를 하고 있지는 않은지 되돌아봐야 한다.

오늘날 영업 환경과 고객 니즈는 시시각각 변화하고 있어 그에 맞는 상품의 질과 서비스를 개발하여 더 신속한 대응이 요구되고 있다. 조직 내부에서의 변화 또한 일방적 지시에 따라 일을 수행하는 기존의 방식으로는 구성원들의 몰입과 책임감을 요구하기가 힘들어졌다. 특히, 학창시절부터 자기주도적 학습의 중요성을 익히 들어온 90년대생이 조직에 들어오면서 상황은 매우 달라졌다. 기성세대는 1년도 채우지 못하고 퇴사하는 그들을 두고 끈기와 책임감이 없다고 생각할지도 모르지만 그건 그들을 모르고 하는 소리다. 그들은 오히려 스스로 해야 할 일과 책임감, 그리고 일의 가치를 잘 인식하고 있다.

어느 세대보다 길고 힘들었던 취업난을 이겨내고 그토록 바라던 취업을 이뤄냈음에도 불구하고 퇴사를 선택하는 데에는 그만한 이유가 있다는 걸 알아야 한다. 그들은 어느 세대보다 성취 욕구가 강해서 일을 더 잘하고 싶어 하고, 더 빨리 경력을 발전시키고자 한다. 그런데 그 욕구가 충족되지 않으면 떠나는 것이다. 이런 환경에서 리더는 구성원 스스로 판단력과 문제해결 능력으로 창의성을 발휘하여 자신의 업무에 책임감을 가지게 해주는 것이 좋다. 따라서 '하라면 한다'는 문화에 익숙한 기성세대들에 비해 동기부여와 권한위임이 한결 쉬워진 셈이다. 리더는 자연스럽게 일의 난이도와 중요성을 고려하여 권한과 책임을 구성원에게 적절히 분배하고 자신은 보다 핵심적인 일에 집중할 수 있게 된 것이다. 당연하지만 조직 구성원 각자를 자율적인 리더로 키워주는 리더가 많아야 조직이 발전한다. 권한위임은 조직을 키우고 성과를 높이는 가장 효과적인 방법으로 오늘날 더 큰 필요성이 제기되고 있다.

"자율성이 보장된 집단이 그렇지 않은 집단보다 생산성이 4배나 더 높다는 것이 실험을 통해 증명되었다. 전 직원이 리더처럼 행동해야 기업의 성과가 향상된다."라는 미국 산타클라라대학 경영대 학장인 베리 포스너Barry Posner의 말은 되새겨볼 만하다.

권한위임에는 조건이 있다

첫째 조건은 신뢰다. 권한위임이 잘된 조직은 위기에는 끈끈한 결속력으로 뭉치고, 호기에는 활력으로 성과를 배가하는 특징을 가진다. 권한위임이 된 조직은 상하 모두의 신뢰를 바탕으로 이루어지기 때문이다. 즉 권한위임은 리더가 일방적으로 권한을 주는 것이 아니라, '주고받는Give and Take 과정'으로, 리더는 구성원이 성공하도록 장애물을 제거하고 정보, 피드백, 방향을 제공하는 촉진자Facilitator 역할을 한다.

쉽게 말해 리더가 구성원들을 믿고 일을 맡기는 동시에, 일의 진행 상황을 파악하면서 적절한 때에 필요한 도움을 주는 것이다. 리더는 오랜 경험과 지식을 바탕으로 구성원들의 업무가 제대로 된 방향으로 갈 수 있도록 바로잡아 주며, 성과를 높이고 구성원들이 발전할 수 있도록 도와주는 역할을 해야 한다.

두 번째는 구성원 간의 공감대 형성이다. 성과를 내는 데 가장 중요한 것은 구성원들과의 공유다. 가능한 한 목표를 설정하고 긍정적인 결과를 위한 피드백 과정에서 권한위임이 실현되는데, 이때 리더의 비전 공유는 성과의 향배를 결정한다. 공유가 잘되어 있으면 성과가 부정적인 상황에서도 문제해결을 위한 브레인스토밍과 유연한 아이디어가 생성되어 목표 달성에 도달할 수 있다. 이를 위해서 리더는 구성원들을 중요한 회의, 제품 개발 및 의사결정에 영향을 미치는 위원회 등에 참여시키는 것이 좋다. 그들 스스로 고객이 알아줄 수 있는 프로젝트에 참여하고 있다는 인식을 심어주면 자율성이 배가된다. 당연하지만 권한위임 대상으로 재능과 능력을 갖춘 구성원을 찾기 위해 조직 외부로 눈을 돌리기 전에 내부 구성원들과 상의하는 것이 먼저다. 혹 조직 내부에서 발견하지 못한다면 그때 조직 외부에서 방법을 찾아도 늦지 않다.

마지막으로 권한위임을 통해 창출된 성과를 리더가 자기가 했노라고 하면 안 된다. 성과는 권한위임을 받은 후배들이 했고 보상도 그들의 몫으로 돌려주어야 한다. 그렇지 않을 때의 권한위임은 부하를 이용하여 자신의 공을 세우는 꼴이 되는 것이고 이런 조직의 권한위임은 지속될 수 없다.

권한위임을 분배, 창조, 창조적 분배의 세 가지 관점에서 생각해볼 수 있다. 분배의 관점은 한정된 권한을 서로 나누는 것을 의미한다. 내 권한을 부하에게 권한을 주고(-1) 부하는 나에게서 권한을 얻어서(+1) 전체 값이 0이 되는 것을 의미한다. 부하를 경쟁자로 생각하는 리더들이 이런 관점을 가지고 있다. 안타깝지만 소인배 성향의 이런 사람들이 현실에 생각보다 많다. 창조의 관점은 권한을 '만들어가는 것'으로 보는 것이다. 권한이 둘 이상의 사람들이 서로 정보, 권위, 책임을 교류하고 나눌 때 창조된다고 보는 것이다. 창조적 분배 관점의 권한은 '무한정'으로 재생산되는 것으로 사람들이 상호작용을 주고받을 때 권한이 엄청나게 성장한다는 것을 뜻한다. 동서고금을 막론하고 자신보다 큰 사람을 만들어내는 사람이 자신도 성장하고 조직도 성장시킨다. 따라서 우리가 추구해야 할 권한위임의 관점은 창조적 분배다.

해야 할 것과 알아야 할 것

권한위임은 구성원의 능력과 필요에 따라 적절한 책임과 권한을 명확히 부여하고, 업무수행에 필요한 적극적인 지원, 그리고 실천에 대한 개선을 위한 지속적인 모니터링 및 조정을 위한 요소로 구성되어 있다. 즉, '자율'과 '통제' 양자의 균형적 실천을 통해 생산성과 창의성의 극대화를 추구한다. 다시 말하면 권한위임이라고 해서 무조건 자율을 보장하는 것이 아니라는 것이다. 준비된 사람에게 위임해야 하고 위임해도 될 업무에 대해서 위임해야 한다. 다음의 세 가지를 숙고해 성공적인 권한위임이 될 수 있도록 한다.

첫째, 책임과 권한을 명확히 하기 위해서는 업무분석을 통해 위임할 업무를 결정해야 한다. 업무량을 다시 검토해서 자신만이 수행할 수 있는 업무는 무엇인지 파악하여야 한다. 리더가 빈번히 내리는 의사결정을 분석해보면 사소한 의사결정이나 일상적으로 반복되는 결정에 근무 시간 대부분을 소비할 때가 많다는 것을 알게 된다. 또한 리더 자신이 가진 해당 능력을 가장 적게 소유하는 업무, 구성원에게 새로운 경험을 제공할 수 있는 업무 등은 구성원들에게 해당 방침이나 절차를 가르쳐서 수행하도록 해야 한다. 이러한 권한위임을 통해 구성원들이 현재 맡은 업무를 통해 성장하도록 하고, 구성원들이 지속적으로 도전정신을 가지고 동기가 유발되도록 해야 한다.

또한, 리더는 구성원들에게 다양성을 부여하는 업무, 구성원의 역량 증가를 위한 업무, 창의적인 재능을 발휘할 수 있는 업무를 적절히 파악하여 위임해야 한다.

둘째, 권한위임을 하는 과정에서는 업무를 맡기는 것 이외에 적극적인 지원 즉, 업무에 대한 자문이나 개방적인 커뮤니케이션, 그리고 능력개발을 위한 지원이 필요하다. 무조건 권한위임을 해놓고 업무만 챙기면 안 된다. 권한위임도 육성의 하나라고 생각하고 지원하고 기다려야 한다. 다시 말해 구성원이 충분한 능력을 갖추지 못하면 권한위임과 더불어 능력개발을 지원해주는 것이 권한위임의 출발이라고 할 수 있다.

셋째, 권한위임의 목표는 해당 구성원의 직접적인 활동을 통해 위임한 업무나 프로젝트를 만족할 만한 수준으로 마무리하는 것이다. 리더가 권한위임이라는 명목하에 모든 일을 구성원들에게 맡기고 내버려 두었다가 문제가 생기고 난 후에 질책하는 것은 올바른 태도가 아니다. 구성원들도 리더가 중간에 일의 진행을 파악하는 것을 자신을 못 믿기 때문이라고 생각하여 섭섭하게 여기는 것은 옳지 않다. 여기서 중요한 것은 리더와 구성원이 서로 업무 진척 상황을 리뷰할 일정을 미리 계획하여 그때 하면 간섭으로 여기지 않는다. 리더가 갑자기 불러서 업무를 챙기면 구성원은 간섭이라고 생각한다. 리더는 구성원들이 일에 개입할 때와 빠질 때를 명확히 하는 것이 중요하다. 지나친 개입이 오히려 구성원들에게 부담된다는 것을 잘 알지만, 리더들이 구성원들의 업무에 개입하고 싶은 욕구 자체를 억누르기는 쉽지 않다. 리더가 업무를 전혀 안 챙기고 구성원은 업무 진척을 전혀 보고하지 않은 상태에서 납기 바로 전에 업무를 리뷰하다 보면 리더가 기대하는 결과의 모습과 다르고 새로운 지침을 받아서 해야 할 때 구성원은 말 그대로 멘붕이 오게 된다.

그동안 한 것이 헛수고고 밤을 새워 다시 해야 하는 상황이 발생한다. 따라서 가장 좋은 것은 정기적으로 계획된 날짜에 업무 리뷰와 조정을 해야 한다. 리더는 구성원들이 성과를 높일 수 있도록 도와주는 사람이라는 믿음을 심어주어야 한다.

단장들과의 동행

권한위임이 잘되는 조직은 현실적으로 그리 많지 않다. 나 또한 신입사원 때부터 '나와바리', '밥그릇'이라는 의식으로 많은 신경전을 벌였고, 동료 간 선후배 간 업무 권한을 가지고 갈등하다가 얻고 잃은 과정에서 조직에서 방출된 사람들도 적지 않게 봐온 게 사실이다. 그만큼 권한위임이라는 것은 말처럼 쉽지 않다.

호남사업부의 사업부장과 지역단장, 지역단장과 지점장은 상사와 부하로 관계 설정되어 있다. 조직에서 평가와 인사권한을 행사하는 상하 관계는 쉽게 신뢰를 형성하기 어려운 관계다. 신뢰는 평가의 공정, 객관적인 보상, 업무에 대한 지지 등 여러 가지가 복합적으로 작용할 때 형성되는 것인데 대부분은 상사가 먼저 솔선해야 할 것들이다. 그래서 나는 사업부를 상명하복이라는 관계를 넘어서 함께 꿈을 꾸고, 함께 꿈을 실현하는 전략적 파트너로 재설정했다. 먼저 지역단장 자치회의 역할과 책임을 더욱 정교하게 만들고 사업부 경영에 참여시키고자 했다. 지역단장 자치회 회장의 역할과 책임을 강화하여 자치회 운영이 실질적으로 활성화될 수 있도록 활동을 독려하였다. 그 활성화 방안은 아래와 같다.

취지 및 배경 지역단장의 적극적인 사업부 경영 참여로 현장 중심의 생태계 구축, 지역단장 핵심 역할 및 영업 역량 활용으로 집단 지성

극대화 및 사업부와 영업현장 간 적극적인 소통으로 조직 몰입도 및 일체감 제고

운영 방향 사업부 차원에서 기준과 원칙을 수립하여 지역단장과 적극적인 소통을 통하여 불필요한 오해를 불식시키고 일체감 저해 요소를 사전 제거, 지역단장의 의견 및 제안을 적극 수용하여 영업 성과에 기여하는 최상의 의사결정 프로세스 구축, 단장 회장을 통해 지역단장의 의견과 제안을 수렴하는 채널로 활용

이렇게 운영 방침을 공유하니 회장을 맡은 대표단장과 이하 단장들도 자발적으로 목표 달성, 주요 시책 건의 등에 참여하여 활발한 소통이 이루어지게 되었다. 특히, 대표단장은 자신의 지역단뿐만 아니라 사업부의 중요 의사결정에 참여함으로써 오랜 영업 경험을 활용하여 경영 파트너로서 역할을 수행하게 하면서 사업부와 지역단장이 한배를 탄 운명 공동체로 느끼게 했다. 한편, 대표단장은 회장으로 공식적인 인정을 받으니 신바람이 났고 자신이 솔선수범해야 한다는 책임감으로 자신이 맡고 있던 지역단 영업을 1등으로 만들었다. 그에 더해 사업부를 1등으로 만들자고 동료 단장들을 직접 독려하며 서로 정보를 공유해 끈끈한 동지애로 공동의 목표를 만들어갔다. 당시까지 지역단 경쟁에 함몰되어 있던 사업부는 바야흐로 지엽적인 경쟁을 넘어서 1등 사업부를 만들어가는 공동운명체가 된 것이다. 2년 임기의 대표단장 임기에 그는 생각하는 것, 말하는 것, 행동하는 것 등이 단장의 수준을 넘어 마치 사업부장이 된 것 같았다. 권한위임으로 사업

부장의 눈높이에서 고민하고 노력한 결과였다. 이러한 노력과 성과의 대가로 그는 더 큰 사업단장으로 승진하여 업무를 잘 수행하고 있고 나는 2년 동안 1등 사업부를 만든 단장들을 한 명도 보직해임 시키지 않음으로써 답례를 했다. 호남사업부 역사 이래 처음 있는 일이었고 다른 사업부에서는 찾아보기 힘든 사례라 모두 부러워했다.

사업부장의 일을 대표단장에게 일부 위임하는 것이 권한위임의 1차원이라면 사업부장의 업무영역을 넓힘으로써 권한위임은 2차원의 새로운 성과를 만들어낸다. 사업부장의 업무 중 20을 위임받은 대표단장이 자율적인 창조력을 발휘하여 새로운 아이디어로 일의 크기를 키워 성과를 냈고, 사업부장은 20을 위임하고 남은 시간에 새로운 비즈니스 모델과 마케팅전략 등을 세움으로써 기존의 100이라는 파이를 200~300으로 키워나갈 수 있는 것이다. 이것이야말로 권한위임의 진정한 실현이다. 다만 권한위임을 아무에게나 주면 안 된다. 준비된 자로서 역량이 된 사람에게 권한위임을 해야 한다. 권한위임이란 이처럼 조직원들이 최고의 성과를 낼 수 있도록 책임과 권한을 적절히 부여함으로써 조직원들 스스로 주도적이고 자발적으로 업무수행을 하도록 하여 리더가 업무를 직접 수행하지 않고도 기대한 결과를 얻어내도록 하는 일련의 능력이다.

리더십 액션 가이드

- 권한위임은 궁극적으로 본인에게 도움이 된다는 것을 명심하라.
- 권한위임은 구성원의 가치를 인정하는 것에서부터 출발하라.
- 권한위임 시 프로젝트, 업무, 기대하는 결과 등을 가능한 한 상세하게 설명하라.
- 리더가 기대하는 피드백의 범위 및 빈도를 언급하라.
- 권한위임에 필요한 교육 및 특별지원 등의 제공 시기를 결정하라.
- 구성원의 능력과 필요에 맞게 권한과 책임을 부여하라.
- 권한위임 후에는 최대한 자율권을 보장하고, 의사결정에 참여시켜라.
- 업무 추진 시 곤란한 문제가 당면한 경우, 적극적인 코칭을 실시하라.
- 성공적인 직무수행에 대해서는 적절한 보상을 제공하고, 다른 권한을 위임하라.
- 실패한 경우에는 책임 소재를 명확히 하고, 부서장도 공동 책임을 져라.

3부

리더십 액션 3

대체 불가능한 리더의 역량

14장

고성과

높은 성과는
어떻게 이루어지는가

늘 좋은 성과를 이루어내는 팀들의 성공 요인은 무엇일까? 세계 최대 IT 기업 구글이 2012년부터 2016년까지 4년간 아리스토텔레스가 말한 '전체는 부분의 합보다 크다'라는 모토를 내걸고 최고 성과를 내는 팀을 발굴하기 위해 프로젝트를 시행했다. 180여 개의 팀에 대한 특성을 분석하여 그 가운데 공통적인 성공 요인을 찾아낸 것이다. 그 결과 성과가 좋은 팀은 '팀 구성원이 누구인가보다 모인 팀원이 어떻게 상호작용하는가'가 성공을 좌우하는 핵심 요소라는 결론을 내렸다. 구성원 간의 상호작용을 통해 서로에게 긍정적인 영향을 미치고 팀원들이 속한 조직 문화가 건강해졌을 때 성과가 만들어진다는 사실을 발견한 것이다. 성공 요인 다섯 가지는 첫째, 가장 중요한 요소인 심리적 안정감Psychological Safety이었다. 구성원 상호 간에 서로 상처받지 않고 자유롭게 말하고 행동할 수 있고 더 좋은 성과를 위해 위험을 감수해도 괜찮다는 자신을 갖는 것이다. 둘째는 신뢰성Dependability이었다. 설정한 목표를 달성하기 위해 최선을 다할 수 있는 팀원들을 믿고 일을 맡길 수 있는 것이다. 셋째, 조직 구조와 투명성Structure & Clarity이었다. 구성원 각자의 역할과 계획과 목표를 확실하고 분명하게 공유하는 것이다. 넷째, 일의 의미Meaning였다. 구성원 각자가 하는 일이 자신과 팀원들에게 얼마나 중요한지 아는 것이다. 다섯째, 일의 영향력Impact이었다. 자신이 하는 일이 회사와 사회에 주는 영향과 변화를 아는 것이다.

이와 같은 최고의 팀에는 리더의 역할이 크다. 오늘날의 리더는 '나를 따르라'라는 식의 카리스마 넘치는 리더가 아닌 가슴 뛰는 비전을 공유하여 개개인이 참여하여 고성과를 내게 한다.

뛰어난 결과를 내는 팀의 특징

호남사업부에도 늘 좋은 성과를 내는 리더가 있다. "One Team, One Spirit하나의 팀, 하나의 정신"이라는 모토를 가진 그는 새로 부임해서 3개월이면 조직을 장악해 성과를 내는 탁월한 능력을 지녔다. 지속적인 코칭과 동기부여, 영업 실적에 대한 피드백, 작은 성공 체험으로 자신감

배양, 팀원들과 인간적인 커뮤니케이션 등 다양한 스킬을 발휘하고 있는데, 이 모든 것을 가능케 한 것은 바로 신뢰를 바탕으로 한 조직 공동의 목표를 명확히 하는 데 있었다. 공감대는 팀원 스스로 팀이 해야 할 일이 무엇이며 그 일이 왜 중요한가를 알게 한다. 그래서 그들은 그들 팀이 달성하려는 목표의 윤곽을 그릴 수 있으며, 팀의 비전과 분명한 관계가 있는 목표를 개발해 서로 간에 의견 일치를 보고 이에 도전하게 된다. 리더가 목표 달성을 위한 전략을 분명하게 세우면, 구성원들은 각자 그 목표를 실현하는 데 있어 자기 역할을 잘 수행하는 것이다. 그런데 성과가 미흡한 팀은 정반대의 모습이다. 서로 존중도 소통도 없이 각자도생한다. 그러니 팀이 시너지를 낼 리 만무하다.

결국 리더의 역할은 팀원 간의 상호작용을 통해 서로에게 긍정적인 영향을 미치도록 하는 커뮤니케이션 역량에 달렸다고 해도 과언이 아니다.

팀 조직 전문가 맥밀란MacMillan도 고성과 팀의 가장 기본적인 특징으로 개방적이고 솔직한 커뮤니케이션을 지적한 바 있다. 열린 커뮤니케이션을 통해 서로의 견해와 아이디어를 자유롭게 주고받아 업무상 지속적인 개선을 이루어나갈 뿐만 아니라, 유대감도 튼튼히 다져 탁월한 팀워크를 발휘함으로써 팀 성과, 나아가 기업 성과까지 향상시킨다는 것이다. 때로 서로의 의견차 때문에 격렬하게 다투더라도 최고의 대안을 위해 노력하고 그 결과를 서로 인정하는 모습, 이것이 바로 탁월한 커뮤니케이션 역량을 갖춘 팀, 탁월한 성과를 이루어내는 팀의 모습이다. 그러므로 리더가 주도적으로 나서서 팀 내 활발한 커뮤니케이션을 위해 분위기를 형성하는 것이 무엇보다 중요하다. 자율적이고 수평적인 조직문화를 구축한다고 해도 최종 의사 결정권을 쥐고 있고 조직 내 중요한 정보를 통제하고 있는 리더는 팀원들에게 지대한 영향을 미칠 수밖에 없다. 그래서 대다수 팀원들은 의식적이건 무의식적이건 리더를 조직 생활에 있어서 모델로 인식하고, 좋든 싫든 리더의 언행에 영향을 받기 마련이다.

분명한 것은 좋은 리더가 좋은 팀을 만든다는 것이다. 그리고 팀워크를 이루어 일하는 팀은 각자 능력이 뛰어난 개인들로 구성된 팀보다 더 큰 성과를 낸다. 팀원들의 다양한 능력과 경험을 공유함으로써 시너지가 생겨 갈수록 복잡해지는 시장에 효과적으로 대응할 수 있기 때문이다. 그런데 현실에서는 팀이라고 하지만 각자도생하는 개인들의 집합체가 더 많다. 그런 팀들을 무늬만 팀이 아닌 팀의 실체에 접근해 팀으로서 성과를 내기 위한 노력이 필요한데 그러자면 리더는 먼저 자신의 팀이 어느 단계에 있는지를 진단을 한 다음 팀을 발전시킬 필요가 있다. 발전단계별 팀 유형을 살펴보면 다음 표와 같다.

나는 이와 같은 팀의 발전단계별 유형을 각 지역단에 소개해주고 자신들이 속한 팀이 현재 어느 단계에 있는지 토의하고 발표하라는 미션을 제시했다. 각 지역단에서는 지점장들이 '어떤 팀을 만들 것인가'에 대한 열띤 토론과 자신의 팀 유형 발표가 진행되었다.

작업그룹Working Group	공동 업무 수행 필요 및 목표 수준 향상 기회가 주어지지 않는 그룹
	공동 목적, 업무수행 목표의 공유, 공동 책임인 공동 작업의 성과가 없다.
유사팀Pseudo Team	집단적인 업무수행에 초점을 맞추지도 않고 성취 노력도 하지 않는다.
	스스로를 팀이라고 부를지 모르나 공동목적, 업무수행 목표 설정에 무관심하며 집단 수행 결과가 개개인의 능력의 합보다 낮다.
잠재팀Potential Team	팀 성립 기본 조건을 어느 정도 충족하고 있으며 노력하는 팀
	공동목표나 작업결과, 공통의 작업방법 개발을 위한 노력이 더 필요하다.
	문제해결, 의사결정 접근법이 타당하다면 빠른 속도로 업무 수행 능력 상승이 가능하다.
실질팀Real Team	자신들이 책임질 수 있는 공동의 목적, 업무수행목표, 책임감, 추진방법을 가진 팀
	팀의 성립 요건을 충족한 집단으로, 팀의 성과와 능력은 개개인이 최선을 능력을 합한 것보다 훨씬 크다.
고성과팀High Performance Team	상호 간의 개인적인 성장과 성공에 몰입하는 팀
	팀원들은 팀을 위해 희생을 감수하며, 타 팀보다 현저히 높은 성과를 창출한다.

팀워크를 해치는 갈등 관리

앞서 살펴본 대로 우리의 정 문화는 문제는 품고 사람은 풀게 하는 경향이 있다. 문제와 사람을 동일시하는 현상에서 생긴다는 점도 지적한 바 있다. 그래서 먼저 인식의 전환이 필요하다. 직장은 마을이나 가족과 같은 공동체가 아니라 냉정한 비즈니스를 위한 공동체다. 그러므로 최고의 성과를 내는 팀들의 성공 요인인 심리적 안정성이나 신뢰, 조직의 투명성과 일의 의미, 그리고 영향력은 개인 간 관계로서가 아닌 비즈니스 조직 내의 요소라는 점을 분명히 할 필요가 있다. 따라서 사람 간의 관계를 우선하는 정을 앞세우는 관리 접근은 곤란하다. 비즈니스 조직에서 다양한 유형의 갈등이 표출되는 것은 자연스러운 현상이고, 갈등이 있다는 것은 그만큼 다양한 생각이 존재한다는 긍정적인 신호로 받아들이는 것이 좋다. 그런데도 갈등은 나쁜 것이며, 반드시 피해야 한다. 서로를 잘 이해하지 못하는 구성원들이 갈등을 일으킨다. 모든 갈등은 모두가 만족하는 쪽으로 해결될 수 있다는 오해로 갈등 해결을 더 어렵게 만든다.

갈등은 조직이 구성되고 성장하는 모든 과정에서 발생할 수 있는 정상적인 한 부분이라는 점을 인식한다면 해결의 가능성도 커지고 나아가 건강한 조직문화로 팀을 성장시키는 주요한 요소가 된다. 반대로 갈등을 방치하면 조직 내 긴장된 분위기가 조성되고, 참신한 문제 해결을 막는 장애물이 되어 성과가 저조한 것은 당연하고 조직을 와해하기도 한다.

그런데 조직에 갈등이 전혀 없다고 생각하고 있다면 그것은 정말 큰 문제다. 그런 팀은 갈등이 없는 것이 아니라 모든 갈등과 토론을 억압하는 독재적인 리더가 팀을 이끌고 있거나, 매너리즘에 빠져서 조직 운영을 개선하려는 노력이 없을 것이다. 아니면 결속력이 중요하다는 이유로 모든 구성원의 생각이 일치하기를 강요하고 있거나,

리더가 갈등이 두려워 해결하려는 노력 대신 무시하거나 피하고 있을 것이다. 이런 팀은 논쟁이 벌어지면 갈등을 회피하기 위하여 모든 사람이 입을 다물어버린다. 바로 '방어적 회피defensive avoidance'를 하는 것이다. 이런 팀의 구성원들은 갈등을 피하기 위해 리더의 말을 그대로 받아들인다. 그 결과 형편없는 의사결정을 하게 될 가능성이 매우 크고, 훗날 더 많은 문제를 품고 가게 된다. 갈등의 원인 가운데 조직의 과업에 관한 의견차라면 그것은 건전한 원인이다. 예를 들면 과업을 둘러싼 이슈, 과업을 둘러싼 합당한 의견 차이, 가치와 시각의 차이, 결정의 결과에 대한 다양한 기대들 등이 그것이다. 이러한 갈등의 원인을 조직이 인정하고 함께 해결해나가면 좋은 결과로 바꿔 나갈 수 있다. 하지만 조직의 과업과는 관계없는 개인적인 욕구와 관련된 갈등. 즉, 보상을 둘러싼 경쟁, 책임 소재의 모호함, 팀원들 사이의 신분 차이 등이 갈등의 원인이라면 분명하게 해결하고 가야 한다. 이런 갈등을 해결하는 데에는 다음과 같은 6단계가 있다.

1단계	갈등이 존재한다는 사실을 인정하자.
	→ 갈등을 즉각적으로 다루지 않는다면 곪아 터진다.
2단계	실제로 존재하는 갈등의 원인을 파악하자.
	→ 갈등은 핵심 문제와 감정적 문제에서 생긴다.
	* 핵심 문제 : 역할 모호성, 방법 불일치, 목표 불일치, 책임 불일치, 　　　　　　절차 불일치, 가치 불일치, 사실 불일치 * 감정적 문제 : 공존할 수 없는 개인적 스타일, 통제나 권력 확보를 위한 　　　　　　　싸움, 자존심에 대한 위협, 질투, 분노
3단계	모든 관점을 경청하라.
	→ 쟁점의 양 측면을 모두 이해하고 누가 옳고 그른가 논쟁은 피한다. 　 양측의 차이점보다는 유사점을 강조하여 공통점을 확보한다.
4단계	갈등 해결 방법을 함께 모색한다.
	→ 각자의 입장 탐색, 의사소통 채널 개방 및 참여를 유도 개방적인 　 토의는 가능한 대안과 정보의 폭을 넓힐 수 있고 보다 신뢰할 수 　 있고 건강한 관계를 형성한다.
5단계	해결책에 합의하고 책임을 정한다.
	→ 문제 해결을 위해 서로의 관점과 공동의 책임을 수행하도록 팀원들 　 에게 서로의 역할을 바꾸어서 수행한다.
6단계	갈등이 해결되었는지 검토한다.
	→ 후속의 회합을 계획하고 팀원들은 자신에게 임무완수의 책임이 　 있다는 것을 알게 되면 자부심을 가지게 된다.

갈등 관리 시 해야 할 것(Do)은 다음과 같다

- 다른 사람의 입장을 이해한다.

- 어려운 문제를 피하지 말고 맞선다

- 자신의 의견을 명확히 밝힌다.

- 적극적으로 경청한다.

- 타협하려 애쓴다.

- 논쟁하고 싶은 유혹을 떨쳐낸다.
- 존중하는 자세로 사람을 대한다.

갈등관리에서 하지 말아야 할 것(Don't)은 다음과 같다

- 감정이나 관심사를 가볍게 여긴다.
- 직접 대면하지 않고 대충 넘어간다.
- 상대방을 깔보는 자세를 가진다.
- 쓸데없는 충고를 한다.
- 자신을 방어하듯 말한다.
- 상대방을 비방한다.

리더의 액션
고성과 조직의 비밀

최고의 성과를 내는 팀을 만드는 성공 요인을 한마디로 압축하면 '공유'라고 할 수 있다. 비전, 목표, 정보, 역할, 성과에 대한 공유는 신뢰와 커뮤니케이션으로 공유된다.

나는 사업부의 목표를 설정하는 데 지역단장, 영업관리자, 스태프들과 수시로 의견을 교환했다. 내가 일방적으로 제시하면 목표를 받아들이기는 쉬울 수 있으나 그 목표는 자신들의 목표가 아닌 사업부

장의 목표가 되어버린다. 목표부터 주인의식이 필요하다. 즉, 목표에 각자의 지분을 참여시켜 목표와 과업이 남의 것이 아니라 '나의 것이다'라는 주인의식을 갖게 하는 것이 중요했다. 마찬가지로 사업부 미래에 대한 비전에 대해서도 구성원 모두가 공감하도록 공유했고 소통했다. 오프라인 미팅과 화상 미팅을 통해 영업관리자들과 분기나 월별 목표를 공유하는 것은 매우 중요한 일과다. 지역단 지점장 대표나 지역단 총무 대표와는 사업부 현안과 과제를 자주 청취하고 현장의 건의사항이 있을 시에는 바로바로 해결해주었다. 역할과 정보 공유를 위해서도 노력했다. 먼저, 계층별, 업무별 자신의 역할과 책임(R/R)을 암묵지에서 형식지로 정리하게 하고 이것을 사업부 전체 회의 때 공유했다. 사업부 성과를 증대시키기 위해서는 구성원 스스로가 실천하는 게 중요한데 이를 위해서 팀원들의 역할과 책임을 명확하게 규정하고 알려주었다. 그러다 보니 구성원들이 자신의 역량 부족으로 사업부에 민폐를 끼치면 안 되겠다는 책임의식이 생기기 시작했다. 과거 애매모호한 업무에 대한 책임 전가로 불필요한 소모전을 벌이기도 했는데 분명해진 업무 분장은 자기 일이라는 강한 책임감이 되어 주체적으로 해결책을 찾기 위해 다양한 아이디어가 쏟아졌다.

다른 많은 부분이 잘 공유되고 있음에도 불구하고 성과 공유가 되지 않아 리더나 몇몇 사람에게 편중됨으로써 팀워크가 이전으로 돌아가거나 팀이 완전히 콩가루가 되는 것을 무수히 봐왔기 때문에 성과의 나눔과 공유에 좀 더 치밀하게 고민해서 합리적 보상 방안을 마련했다. 잘 버는 것도 중요하지만 잘 나누어야 지속 성장하는 고성과팀을 만들 수 있는 것이다. 고성과팀을 만들기 위해서는 특히 정보를 신속하게 전달하여 정보의 독점화를 사전에 차단하는 것이 중요하다. 이를 위해 카톡이나 회사 이메일을 통해 수시로 현장과 소통했다. 이러한 조직문화가 정착되면서 각 지역단, 지점의 팀워크가 향상되어 호남사업부는 고성과 사업부로 단단하게 자리매김했다.

리더십 액션 가이드

- 조직의 목표와 가치관, 비전을 구성원들과 공유하라.
- 조직 내 구성원의 역할과 책임을 구체적으로 공유하라.
- 발전단계별 팀 유형 및 고성과팀의 특징을 공유하라.
- 부하들로 하여금 업무 수행에 대한 자신감을 고취시켜라.
- 성과는 부하에게, 실패는 리더가 책임지는 모습을 보여라.
- 형식과 권위보다는 수평을 존중하는 분위기를 조성하라.
- 리더로서 자신의 갈등 해결 방식을 점검하고 향상을 위해 노력하라
- 업무수행에 필요한 충분한 정보와 관련 지식을 제공하라.
- 조직 내 구성원의 성과 창출에 함께 기뻐하고 축하하라.
- 성과 창출에 대한 평가와 보상은 구성원과 함께 공정하게 공유하라.

15장

팀워크

역동의 힘, 다양성

매일 수십만 명씩 쏟아져 세계에서 가장 많은 코로나 확진자가 미국에서 발생하자 세계인들은 예전의 미국이 아니라고 수군댔다. 여기에 더해 2021년 1월 6일 TV로 생중계되는 미국의 모습은 우리를 충격으로 몰아넣었다. 도널드 트럼프 전 대통령의 지지자들이 워싱턴 DC 연방 의회의사당으로 난입한 것이다. 잔디밭을 가로질러 의사당 건물로 내달리던 사람들이 외벽을 타고 의사당 건물에 오르더니 유리창을 깨고 건물 안으로 들어가자 의사당 내부에서는 총성이 울렸고 중앙홀에는 최루가스가 가득 찼다. 이 같은 장면이 전 세계에 고스란히 생중계되자 '민주주의의 성지'가 무너졌다는 탄식과 함께 수군대던 세계인은 이것이 미국의 본 모습인가 눈을 비벼야 했다.

그런데 곧 대선에서 승리한 바이든의 내각이 발표되었다. 장관급 인사에 흑인 19%, 히스패닉 15%, 아시아계 8%, 원주민 4% 등으로 분포된 범지구적 민족 구성이었다. 이는 유색인종 비율이 16%에 불과해 백인 우월주의로 치달았던 트럼프 내각과는 큰 차이를 보여준 것이다(참고로 2019년 기준 미국 인구 분포는 백인이 61%, 히스패닉 18%, 흑인 12%, 아시아계 6%다.) 특히 눈길을 끈 것은 여성 최초 흑인 출신 카멀라 해리스^{Kamala Harris} 부통령(인도계 흑인)을 비롯해 로이드 오스틴^{Lloyd Austin} 국방장관 지명자는 상원 인준을 통과하면 첫 흑인 수장이 되고, 알레한드로 마요르카스^{Alejandro Mayorkas} 국토안보장관 지명자는 첫 이민자 출신이다. 뎁 할랜드^{Deb Haaland} 내무장관 지명자는 이 자리에 오른 최초 원주민이며, 피터 부티지지^{Pete Buttigieg} 교통장관 지명자는 성소수자 중 처음으로 내각에 합류했다. 그 외에도 장관급 인사 중 아시아계 최초인 캐서린 타이^{Katherine Tai} 미국무역대표부^{USTR} 대표(여성, 대만계)와 남성의 아성을 허문 애브릴 헤인스^{Avril Haines} 국가정보국^{DNI} 국장(여성, 백인)도 이번 내각의 특징을 보여주는 인사다. 그러자 CNN과 워싱턴포스트^{WP} 등 외신들은 바이든 행정부가 '미국다운 다양성 내각'을 실현했다고 평가했다. 유색인종과 여성 비율이 각각 50%와 46%로 '다양성의 미국'을 주창했던 버락 오바마 행정부를 능가했기 때문이다. 다시 미국이 미국다운 모습을 보여줄지 지켜볼 일이다.

트럼프라는 독특한 인물에 의해 미국의 정체성이 잠시 흔들렸지만, 그 잠시의 흔들림이 미국이라고 평가하는 것은 성급하다. 내가 석박사 과정을 다녔던 미네소타주립대학만 해도 세계 각국 석학으로 구성된 교수진뿐만 아니라 다양한 나라에서 온 학생들이 혼신을 다해 공부에 열중하고 있었다. 문화와 전통이 다른 다양한 사람들이 모여 있지만 학교는 평화롭고 역동적이었다. 모든 시스템이 개방된 미국은 코로나 확진자 수를 실시간으로, 그리고 미의회 의사당이 폭력으로 얼룩진 장면도 언론을 통해 여과 없이 보여주고 있는 것이다. 그것이 경제, 사회, 문화 등 모든 면에서 세계를 이끄는 미국의 힘이다. 그것을 가능케한 원동력을 나는 다양성이라고 단언한다. 우리가 알다시피 미국은 이민자들이 개척한 나라고 현재도 많은 인재가 아메리카 드림을 꿈꾸며 달려드는 나라다. 지금도 평균 31초마다 한 명의 새로운 이민자가 들어오고 있고, 불법체류자가 원주민보다 더 많다고 알려져 있다. 그러다 보니 부통령이 된 카멜라 해리스나 골프 황제 타이거 우즈처럼 여러 인종의 피가 섞인 사람이 많다. 뿐만 아니라 듣도 보도 못한 세계의 성씨와 2천여 가지 이상의 종교집단이 존재하며 끊임없이 새로운 문화를 만들어낸다. 말 그대로 역동적인 용광로인 셈이다. 다만, 이 다양성은 양날의 칼과 같다. 다양성이 높아지면 창조와 혁신의 원천이 되지만 다양성을 포용하지 못하면 사회와 조직은 갈등의 소용돌이에 빠져들게 된다.

그런데 갈등이 생긴다고 다양성을 포기할 수 있을까? 삼성경제연구소에서 발표한 자료에 의하면 2001년부터 2010년까지 10년간 우리나라 외국인 근로자가 14만 명에서 56만 2천 명으로 400% 증가했다. 외국인뿐만 아니다. 여성과 장애인의 사회 진출도 급속히 늘었고, 여기에 게이, 레즈비언, 바이섹슈얼 등 성소수자들까지 포용해야 한다.

미국의 인권단체 HRC가 해마다 'GLBT(레즈비언, 바이섹슈얼, 트랜스젠더)가 일하기 좋은 기업'을 선정하는데, 주목할 것은 GM, 포드, 아멕스카드 등 이 순위의 상위권에 랭크된 기업들이 하나같이 그 사실을 무척 영예롭게 여긴다. 이 기업들 모두 '다양성'을 글로벌 시대의 핵심 코드로 인식하고 있기 때문이다. 그러므로 다양성은 이제 선택이 아니라 필수다. 우리가 신속한 모방자에서 선두주자로 거듭나기 위해 무엇보다 절실한 것 역시 다양성을 관리하는 것이다. 당신 회사의 다양성은 어느 정도 수준인가? 지금 바로 체크해보면 어떨까?

인간은 모두 다르다

다양성 관리의 가장 기본은 다름을 이해하는 것이다. 아래 사진과 같이 남자와 여자를 쇼핑몰 갭Gap 매장에 데려가서 '바지 한 벌을 사오라'는 미션을 주는 실험을 했다.

남자는 다른 매장을 둘러보지 않고 바로 갭 매장에 찾아가서 6분 만에 33불을 주고 바지를 사고 쇼핑을 끝냈다. 그런데 여자는 그림에서 보시다시피 쇼핑몰에 있는 다양한 상점에 들려 쇼핑을 하다가 마지막 동선으로 갭 매장에 들어가 바지를 사고 미션을 마무리한다. 여성의 쇼핑 시간은 총 3시간 26분이 걸렸고, 지불한 비용은 876불이었다. 이 실험 결과 남성의 쇼핑 개념은 필요한 것을 바로 가서 사는 전형적인 목표 중심의 쇼핑이고, 여성의 쇼핑은 관심 있는 여러 상점을

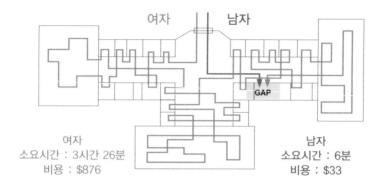

여자 남자

여자
소요시간 : 3시간 26분
비용 : $876

남자
소요시간 : 6분
비용 : $33

둘러보고 만져보고 구매하는 일련의 체험이라는 것을 보여준다. 부부들이 쇼핑을 함께하며 자주 싸우는 것을 목격하는데 이는 남녀 차이를 이해하지 못하는 데에서 발생하는 현상이다. 이를 알고 있는 남편들은 아내에게 카드를 주고 같이 가지 않은 것을 선호하는데 혹 쇼핑을 동행한 남편들을 위해 백화점에서는 별도 휴식 공간을 만들어 대응하고 있다고 한다.

쇼핑에 대한 남성과 여성의 차이점은 구석기 시대의 생활방식으로부터 유래한다는 것이 인류학자들의 지적이다. 사냥해야 하는 남성은 고도의 목표지향적으로 발전해왔고, 채집하거나 남성이 사냥해 온 것을 모아 생활해야 하는 여성은 더 많은 것을 보고 잘 보관해야 하는 관찰과 관리 중심으로 발전한 것이다. 남자가 가을을 타는 것도 무더운 여름을 피해 사냥하기 좋은 계절이기 때문이란다. 반면에 채집을 주로 하는 여성에게는 봄이 최적기다. 그래서 겨우내 추위에 집 안에만 있다가 봄이 오면 산으로 들로 채집 활동을 나가려는 성향이 남아 지금도 봄을 선호한다는 논리다. 그 오랜 DNA, 즉 시간적 여유를 갖고 이곳저곳을 돌아다니면서 필요한 나물들을 캐는 채집활동을 한 여성과 목표 중심으로 빠르게 사냥을 해야 하는 남성은 쇼핑에서도 같은 패턴을 보인다는 점을 인정해야 한다. 남성과 여성의 DNA나 본질을 알고 나면 서로는 상대방을 이해하고 인정하게 된다. 이처럼 다양성 관리는 상대방의 다름을 인정하는 것으로부터 시작해야 하고, 상대방을 이해하기 위해서는 상대방이 살아온 과거, 가치관, 생활방식 등의 이해가 필요하다.

남성과 여성의 다른 점만큼 세대 간의 이해도 절실해졌다. 꼰대 같은 얘기지만 과거에 우리는 점심을 먹으러 가서 상사가 무슨 주문을 하느냐에 따라 메뉴가 결정되었다. 팀장이 '나는 짜장면' 하고 외치면 팀원들은 모두 당연히 '짜장면'을 외치는 식이다. 요즘 세대는 도무지 이해할 수 없는 10인 1색 시대였다. 이제는 한 사람이 하나의 색을 내는 1인 1색 시대다. 더 나아가 1인이 열 가지의 색깔을 내는 1인 10색의 시대가 도래했다. 이처럼 팀원들의 니즈와 요구가 다양해졌기 때문에 리더는 그것을 충족시키기 위해 과거의 패러다임과 동기부여 방법으로는 안 된다. 따라서 팀원 한 명 한 명의 니즈를 파악하고 그들의 컨텍스트^{context}, 즉 살아온 배경, 가치관, 역사, 니즈, 성장 동력 등을 각자가 가진 다양성을 사전에 알고 대응해야 한다. 이를 위해서는 창의적이고 혁신적인 조직문화를 구축하는 것도 중요한 실천 과제다. 팀이 바로 창조와 혁신이 발생하는 기본 단위이기 때문인데, 팀장에게 인력과 예산에 관한 자율권과 책임을 부여하고 직무 순환과 협업을 통해 과업과 관련한 다양성을 촉진해나갈 필요가 있다.

다양성의 유형과 기대효과

다양성의 유형은 크게 인구학적 유형, 심리학적 유형, 조직상 유형으로 나눌 수 있다. 인구학적 다양성은 사회적 카테고리로서 남녀 성별, 인종과 민족, 연령, 종교 등이 포함된다. 심리학적 다양성은 사람들의 인지와 행동에 나타나는 차이를 말한다. 사람마다 다른 가치와 믿음, 태도, 그리고 성격적, 인지적, 행동적인 면의 차이를 말한다. 예를 들어 사람에 따라 경쟁적이거나, 협력적이거나, 공격적이거나, 혹은 단호할 수 있다. 또한 사람마다 다른 관련 지식과 기술, 능력의 수준을 말한다. 팀원들 중 누군가는 전문적 기술을 지녔고, 누군가는 예술적 재능을 갖고 있고, 다른 누군가는 커뮤니케이션에 탁월할 수 있다. 조직상의 다양성은 사람들이 조직과 맺고 있는 관계의 차이에서 비롯된다. 조직 내 서열과 직종의 전문성, 부서의 유대, 재직기간과 같은 요소들이 그 예들이다. 이 변수들은 조직 내 개인의 지위에 큰 영향을 미치며, 그에 따라 팀 내에서 사람들이 소통하는 방식을 크게 좌우한다. 세대와 남녀 또는 인종과 같은 겉으로 쉽게 드러나는 요소들은 즉각 사람들에게 영향을 미친다. 그래서 서로 비슷한 사람들끼리는 쉽게 끌리고 강력한 사회적 연대를 형성하게 된다. 이와는 달리 심리적 변수 요소와 같은 것들은 내면 깊이 숨어 있어 알아차리기 어렵다. 따라서 이 차이들이 팀에 영향력을 발휘하기까지는 시간이 걸린다.

이처럼 다양성은 다양한 유형으로 발생하여 갈수록 다양성 관리의 중요성이 대두되고 있다. 다양한 경험, 성장배경 등을 갖춘 팀원들이 모여 조직을 이루고 있는 상황에서 다양성 관리는 팀워크 구축의 필수적인 요소가 되었다. 다양성을 어떻게 관리하는가에 따라 팀의 성패를 좌우하기도 한다. 앞서 지적한 바와 같이 다양성은 양날의 검이기 때문이다.

다양성 관리는 구성원들의 선발, 채용, 팀 구성, 교육 인원 구성 등에도 지대한 영향을 미친다. 팀의 역동성Dynamics를 유지하기 위해 '다양성은 창의력의 원천이다Diversity is Source of Creativity'의 기조를 실천할 필요가 커진 것이다. 고성과 조직과 팀의 공통점은 다양한 사람들이 섞이고 소통하며 이질적인 것에 의도적으로 노출시켜 자극하는 조직 문화를 만들어 새로운 결과물을 만들어내고 있다.

다양성 관리에 따른 기대효과를 살펴보면 다음과 같다.

❶ 다양성 관리는 조직의 창조성, 혁신성을 자극한다. 조직에 속한 개개인의 다양한 경험, 가치, 태도, 다양한 관점을 적절히 관리, 활용하는 것은 기업의 창의성과 혁신성에 기여한다.

❷ 다양성 관리는 조직의 시너지를 창출한다. 시너지를 창출하기 위해서는 새로운 가능성, 새로운 대안에 늘 열려 있어야 하며, 서로의 차이에 대해 인정하고 존중하는 자세가 필요하다.

다양성을 시너지 창출로

호남사업부에는 각양각색 개성을 가진 설계사 3천 명이 활동하고 있다. 전라남북도를 기반으로 제주도까지 총괄하다 보니 지역 정서도 폭넓다. 특히, 제주도의 경조사 관습은 매우 독특해서 축의금이나 부의금을 경조사가 발생한 집 한 곳만 전달하는 것이 아니라 그 집과 친분이 있는 다른 사람에게도 주는 전통이 있다. 조사의 경우 옛 풍습 그대로 3일장을 치루는 동안 매일 가서 친구들과 윷놀이나 고스톱을 치면서 슬픔을 함께 나눠야 한다. 매년 1월 1일이면 지역단 전체가 신년 고사도 지내는 전통도 유지되고 있다.

전라북도는 대의명분과 명예를 매우 중요시하는데 이는 녹두장군 전봉준을 중심으로 궐기한 동학혁명에 유림들이 주도한 역사에 대한 자긍심이 있기 때문이다.

그런가 하면 같은 전라도라도 남도 사람들은 흥이 많고 멋을 즐기면서도 명예를 중히 여긴다. 조선시대에 대의명분과 불의를 참지 못하고 바른말을 하다가 귀향 온 사람들의 후손이 많아서 일 것이다. 한양으로부터 3천 리 이상 떨어진 강진, 완도, 진도, 담양 등에 정약용, 정약전, 정철, 윤선도 등 기라성 같은 선비들이 귀향이 와서 책을 쓰고 그림을 그리고 창을 부르며 고을 사람들에게 영향을 미친 것이다. 강진에서는 정약용 선생이 『목민심서』를 위시하여 500여 권을 저술했고, 완도는 정약전 선생의 『자산어보』, 담양에는 송강 정철의 가사

문학이 태어난 곳이다. 이런 역사성이 이어져 광주를 예향의 도시로 만들었다. 이런 지역의 문화를 모르고 고객이나 설계사들을 만나면 당혹스럽기도 했다.

설계사들도 20대 후반부터 85세까지 세대 간 폭이 아주 넓다. 살아온 배경이 다르고 힘든 경험과 아픔을 대부분 가지고 있는데 열심히 살려는 모습은 누구나 같다. 그중 농협에서 임원까지 하다가 퇴임하고 보험영업을 시작한 85세 설계사분은 지금도 가장 먼저 출근하는데 그것도 새벽에 농사일을 해놓고 온다고 한다. 월급 받아 손자들 용돈 주는 재미가 쏠쏠하다며 늘 싱글벙글이다.

신인 설계사의 꿈과 20년 이상 된 베테랑 설계사들의 꿈은 많이 다르다. 신인 설계사들이 성공해서 멋진 배우자를 만나 결혼하는 꿈을 위해 뛴다면 베테랑 설계사들은 대부분 자녀를 대학에 보내고 좋은 직업을 갖게 하는 게 소망이다. 이처럼 지역별, 연령별, 성별, 직급별로 다양한 사람들이 모여 있으니 자연히 갈등이 생겨나기도, 미담이 생겨나기도 한다.

사업부의 이런 다양성을 갈등이 아닌 새로운 아이디어와 창의력이 만들어지는 활력 있는 조직으로 만들기 위해 지점을 돌아다니면서 함께 식사하고 소통하고 강의하는 시간을 가졌다. 특히 나 자신이 생각하는 '가치 있는 삶'을 이야기하면 많은 사람이 공감하며 힘을 얻기도 했다.

사업부장으로서 '가치 있는 삶'은 내 자리에서 실천할 수 있는 후배들을 양성하여 그들이 미래 경영자로 성장하도록 돕는 것이고, 우리 설계사들이 영업을 잘할 수 있는 문화와 제도, 시스템과 판매전략 등을 지원하는 일이다. 좋은 영업 성과를 낸 그들이 윤택한 생활 속에서 자녀들을 잘 교육하도록 돕는 것이 바로 가치 있는 삶인 것이다. 마찬가지로 다양한 배경과 경험을 가진 선배 설계사들이 후배들에게 도움을 줘서 그들이 빨리 정착해 안정적인 경제활동을 하도록 해주는 것도 가치 있는 삶이라고 생각한다. 영업 현장에서 다양한 고객으로부터 스트레스를 받을 수 있지만, 고객을 소득 창출 대상으로 보지 않고 평생의 동반자로 생각하면 그 자체가 가치 있는 삶이 되고, 마찬가지로 동료 또한 경쟁자가 아닌 평생 함께 가야 할 협력자로 서로 배려하고 존중하고 채워주는 것이 가치 있는 삶이라고 강조했다.

이런 노력과 실행은 생각보다 큰 효과를 나타냈다. 고능률 선배 설계사들이 나서자 경쟁 분위기가 팽배하던 사업부는 상생의 분위기로 변모했다. 실적은 적지만 젊은 설계사들은 통통 튀는 아이디어로 선배들에게 보답했고 단장과 지점장들은 그런 분위기에 화합하는 지원책들을 쏟아냈다. 이처럼 선순환구조가 만들어지자 사업부의 실적은 계속 성장했다. 이처럼 다양성이 효과적으로 관리되어 성과로 이어지는 선순환구조를 만드는 데는 다음과 같은 다섯 가지 실천이 전제되어야 가능해진다고 본다.

첫 번째, 인사와 보상제도가 공정해야 한다. 두 번째, 다양한 세대와 성별에 맞는 경력 성장 모델을 설계해 전략적으로 육성하는 것도 중요하다. 세 번째, 소통을 활성화하는 것이다. 다양성은 갈등의 요소를 가지고 있으므로 불신을 사전에 제거해야 한다. 마지막으로, 다양성을 영업 현장에 활용하는 전략적 접근이 필요하다. 고능률 설계사를 활용하여 노하우를 공유하는 것도 좋은 방법이다.

리더십 액션 가이드

- 다양성이 조직 발전의 원동력이 될 수 있음을 명심하라.
- 조직 내 도전적이고 참신한 분위기를 조성하라.
- 구성원들의 건설적인 의견충돌을 유도하고 다양한 의견을 수용하라.
- 신세대 구성원의 의식을 이해하고 그들과 호흡하려고 노력하라.
- 조직별 고성과자가 재능기부를 통해 후배들을 양성하도록 시스템을 구축하라.
- 구성원들의 선발, 팀 구성, 교육인원 구성 등에도 팀의 역동성을 위해 다양성을 반영하라.
- 회사의 전반적인 문제를 구성원들과 공유하고 관심을 유도하라.
- 구성원들의 성향, 적성, 배경, 관심 등의 차이를 알려고 노력하라.
- 신세대가 적응할 수 있는 조직문화를 구축하고 그들의 시간과 생활을 존중하라.
- 조직 다양성으로 야기되는 갈등을 해결하기 위해 다양한 커뮤니케이션 역량을 배양하라.

16장

방향성

비전은 조직의 나침반

"한 번의 클릭으로 전 세계 정보에 대한 엑세스를 제공한다. To provide access to the world's" _구글

"전기자동차로의 세계적 전환을 주도하여 21세기 최고 자동차 회사로 우뚝 선다. To create the most campelling car company of the 21st century by driving the world's transition to electric rehicles" _테슬라

"자동차에서 삶의 동반자로 Lifetime partner in automobiles and beyond" _현대자동차

"모두를 위한 보다 나은 일상 Better Normal for All" _삼성전자

비전은 백만대군을 이끌고 가는 선봉의 깃발이나 망망대해를 항진

하는 항공모함의 나침반과 같다. 그래서 이처럼 세계 초일류 기업일수록 자신의 목표를 한 문장 안으로 정리한 비전이 명쾌하다. 반대로 비전이 없거나 명확하지 않은 회사와 조직은 어디를 향해야 하는지 모르고 우왕좌왕한다. 출중한 능력과 기회가 있음에도 이상하게 성장하지 못한 회사는 대개 비전이 확실하지 않기 때문이라고 봐도 무방하다. 비전이 없으면 목표 또한 모호할 개연성이 크다. 목표의 총합이 비전으로 나타나기 때문이다. 당연하게도 비전과 목표가 불명확하면 개별적으로 작동하는 구성원들의 열정과 추진력이 낭비된다. 반면 확실한 비전이 있는 조직은 열정과 확신에 가득 차 있고, 힘을 한곳에 모을 수 있어 성과를 내는 추진을 얻는다. 그 조직의 구성원들은 자신들이 어디로 향하고 있고, 왜 그곳에 가야 하는지를 명확히 알기 때문이다.

비전을 누구나 쉽게 만들 수 있다고 생각한다. 그러나 "한 번의 클릭으로 전 세계 정보에 대한 엑세스를 제공한다"라는 구글의 비전이 단순히 하나의 문장이라고 생각하면 안 된다. 또한 이 비전을 리더가 자신이 바라는 방향을 일방향으로 정해 발표한 것도 아니다. 물론 비전을 명확하게 제시할 책임은 리더에게 있다. 그러나 리더는 조직원에게 비전을 제시하기 전 '왜 이러한 비전인가?'를 설명하고 업의 가치에 합당한가를 검증해야 한다. 그다음 조직원들과 나아갈 방향을 합의해야 한다. 이렇게 만들어진 비전은 그것이 어떻게 성취되고 있는지 점검하고, 한편으로 바른 방향으로 나아갈 수 있는 미션을 제시해야 한다. 비전이 명쾌하면 미션도 명확해지고 미션이 명확하면 조직원들의 열정을 한 방향으로 이끌어낼 수 있다. 이때 리더라면 비전을 만든다는 것은 어디까지나 멋지고 아름다운 비전 그 자체를 만드는 데 있는 것이 아니라 조직을 같은 방향으로 이끌어 성과를 내게 하는 데 있다는 점을 상기할 필요가 있다.

호남사업부의 리더인 나는 부임 초기, 사업을 총괄하는 사업부장으로서 성과를 내는 데 앞서 조직 전체를 '한 방향 정신'으로 묶을 필요성을 강하게 느꼈다. 설계사 한 분 한 분이 '일의 가치'를 정립해 자기 인생의 주인으로 열정을 가지고 신나게 움직이는 것이 물질 보상보다 무서울 정도의 결집력과 추진력을 만든다고 생각한다. 이를 위해서는 먼저 사업부만의 정체성Identity를 만들 필요가 있었다. '氣기 Up업 프로젝트'가 그 첫발이었으며, "초격차 호남 No. 1", '오월은 호남'이라는 비전을 차례로 선정하여 실현했다. 매번 행사 때마다 비전 깃발을 앞세워 우리는 승전가를 부를 수 있었다. 이러한 비전 실현을 위해 중요한 순간이 오면 나는 '우리 사업부가 어디서 왔고, 현재 어디에 있으며 앞으로 어디로 가야 하는지?'에 대한 미션을 담은 편지를 지점장과 총무들에게 보내 끊임없이 비전을 상기시켰다. 이런 소통과 진정성은 호남사업부라는 거대한 배가 레전드 8연패라는 역사를 세우고 기적을 만들어 내는 데 초석이 되었던 것 같다. 이러한 미션 경영이 특히 영업 조직에서는 중요하다고 생각한다. 3천여 명의 조직원이 한 방향을 바라보고 진군하면 성과는 따라온다.

'氣 UP' 프로젝트

호남사업부는 꼴지 사업부라는 꼬리표가 붙어 있었다. 조직원들은 패배의식에 젖어 늘 부정적이며 불평불만이 많았다. 먼저 조직의 분위기를 추슬러야 했다. 이런 현실을 인식하여 고민한 끝에 뽑아낸 미션이 '氣기 UP업'이다. 설계사와 영업 담당자 한 명 한 명의 기가 업되어야 소속된 팀의 기가 업되고, 지점, 지역단 영업 분위기가 차례로 업되어 최종적으로는 사업부 성과가 실현될 것이기 때문이다. 자칫 성과에 올인하여 조직에 채찍을 가하게 되면 오히려 성과를 저하시키는 결과를 가져올 수 있다. 그래서 사업부 전체의 영업 분위기를 업시키기 위한 프로세스를 밟아가면 자연스럽게 성과는 오를 것이라는 믿음으로 본격적인 '氣 UP 프로젝트'를 가동했다. '氣 UP 영업관리자 세미나', '氣 UP 영업 팀장 컨퍼런스', '氣 UP 고능률 RC 간담회', '氣 UP 총무 세미나' 등 다양한 계층과 비전을 함께 공유하는 소통을 하면서 영업 분위기를 상승시켜 갔다. 조직원과의 공유로 비전의 합의가 이루어지자 사업부의 모든 행사에는 氣 UP이라는 큰 우산으로 도배했다. 심지어 회식 자리 건배 멘트에도 氣 UP이 자연스럽게 등장했다. 사업부 관할 50개 지점 3천명의 설계사들과 도시락으로 아침 식사를 하면서 氣 UP을 소통하고 미래에 이루어질 꿈, 감사, 행복에 대해서 공감했다. '氣 UP Shotong Tour', '氣 UP Dream Tour', '氣 UP Thanks Tour', '氣 UP Happy Tour'로 네이밍된 비전은 체계적으로 작동하여 효과를 나타내기 시작했다. 2018년 현장 방문을 너무 많이 다니다 허리가 이상이 생겨 입원 치료를 받기도 했지만 氣 UP프로젝트에 심취한 나의 열정을 꺾지는 못했다.

매월 1일부터 말일까지 실적에 쫓기며 반복되는 일상에 지쳐 있던 그들에게는 신선한 충격이었다. 사업부의 비전과 목표, 그리고 주요 KPI과 현장에서 실천해야 할 항목들을 한 장의 책받침으로 만들어 전 사업부 구성원들에게 나누어줘 매일 볼 수 있도록 했다. 비전을 공감한 구성원들에게 월별, 분기별, 반기별 및 연간 사업부 목표는 뚜렷한 나침반이 되어 우리는 꼴찌에서 1등으로 도약할 수 있었다. 다음 해 호남사업부의 성공을 이끈 氣 UP 프로젝트는 다른 사업부와 본사에게 전달되어 활용되기도 했다.

리더의 액션 2
초격차 호남 No. 1

호남사업부가 2018년 20% 성장 목표를 달성하자 주변 사람들 대부분은 다음 해는 힘들 것이라고 했다. "목표 앞에 장사 없다"라는 시니컬한 걱정까지 보태 氣 UP 프로젝트로 올려놓은 분위기를 가라앉혔다. 어쩌면 이런 우려는 현실이 될 수도 있었다. 氣 UP 프로젝트가 2018년 성공을 견인했다고 해서 2019년의 목표 달성을 장담할 수는 없었다. 그래서 '2019년을 어떻게 경영할 것인가?'를 주야로 고민하다가 "초격차 호남 No. 1"이라는 비전을 선정했다. 1등 경험을 다지고 한발 더 나아가 2등 사업부가 따라오지 못할 만큼 압도적 격차를 벌리자는 의미의 이 비전을 전 사업부 조직원과 공유했다.

"지금도 힘든 상황인데 초격차라니?" 현장에서는 이런 불만도 있었지만, 氣 UP 프로젝트로 1등을 경험해본 사람들이 많아 소수의 불만은 이내 잠잠해졌다. 비전이 확정되자 사업부의 전략과 현장 실행전술, 그리고 각각의 KPI를 양식^{Architecture}으로 만들어 코팅해 영업관리자들의 책상에 부착하도록 조치했다. 그리고 "초격차 호남 NO. 1"이라는 말이 입에서 바로 튀어나올 수 있도록 여러 가지 방법을 강구했다. 배너를 제작하여 전 지역단을 순회 방문하러 다니는 것을 보고 사람들은 부흥회 하러 왔다고들 말하기도 한다. 각 지역단, 지점 영업관리자와 총무들과 함께 저녁 식사를 하면서 비전 배경을 설명하고 그것이 우리가 가야 할 목표라는 점을 공감하도록 노력했다. 이외 모든행사나 선물에 '초격차 호남 No. 1'이라는 문구를 도배하다시피 했다. 전 지점장들에게 맞춤형 와이셔츠를 제작하여 선물하면서 티셔츠 안쪽 카라 부분에 영문 자수로 "초격차 호남 NO.1"을 새겨주기도 했다. 와이셔츠를 선물로 받은 지점장들은 선물에 대한 감사의 표현을 비전만이 아니라 모두 할 수 있다는 다짐으로 보답했다. 이것으로 호남사업부는 회사의 선봉에 서게 되었다. 한 사람의 생각이 바뀌면 말이 바뀌고, 말이 바뀌면 행동이 바뀌고, 행동이 바뀌면 습관이 바뀌고, 습관이 바뀌면 운명이 바뀐다고 했다. 3천 명도 하나가 되면 운명을 바꿀 수 있다. 그것이 비전의 힘이다.

국립 5 · 18 민주묘지 참배

호남사업부가 2019년 2분기 세일즈 레전드 1위를 하기 위해 5월은 매우 중요한 달이었다. 하지만 여러 가지 한계로 쉽지 않은 상황이었다. 이 무력함을 극복하기 위해서는 무엇인가 색다르면서 단장들에게 힘을 줄 수 있는 이벤트가 필요했다. 그래서 아이디어를 낸 것이 "오월은 호남"이라는 슬로건으로 국립 5 · 18 민주묘지를 참배하는 것이었다. 이 지역 출신이지만 국립 5 · 18 민주묘지를 참배한 단장들은 의외로 많지 않았다. 묘지를 분향하고 전시관에서 5 · 18의 배경과 정신에 대한 설명을 들었다. 어렴풋이 알고는 있었지만 1980년 5월 광주시민들의 숭고한 희생으로 대한민국 민주주의는 크게 발전했다. 폭동이라는 명분으로 군이 투입된 상황에서도 시민들은 자발적으로 치안을 유지하면서 군부독재에 저항했다. 일체 도난 사고도 없었을 뿐만 아니라 배고픈 시민들에게 주먹밥을 만들어서 지원해준 어머니들도 많았다. 참 대단하다. 그런 절박한 상황 속에서도 대의를 위해 헌신하다 숨진 분들을 생각하면 우리는 많은 빚을 졌다고 생각한다.

국립 5 · 18 민주묘지 현장에서의 "오월은 호남"이라는 슬로건의 메시지는 강력하게 전파되었다. 일부 후배들은 충격적이라고 했다. 이 슬로건을 배너로 만들어 식당에 붙여두고 민주묘지 참배 후 단장들과 스태프들을 식당에 모았다.

이때 '① 선봉에 서는 호남 ② 부끄럽지 않은 호남 ③ 역사를 만드는 1등 호남'이라는 미션을 제시했다. 그리고 호남인에게 5월의 의미는 모두가 혼연일체로 힘을 모아서 마지막까지 끈질기게 노력하며 목표를 달성하여 호남의 역사를 만드는 것이라고 역설했다. 그리고 이번 달은 슬로건처럼 하자고 제안했다. 숙연하고 비장한 결의가 있을 뿐 긴말은 필요 없었다. 사람들은 어떻게 5·18 정신을 영업과 접목할 수 있는지 놀라워했다. 그런데 의외로 호남사업부 설계사들은 쉽게 동감했다. '오월은 호남'인데 우리가 1등을 해야 되지 않겠느냐는 공감대는 빠르게 퍼져 나갔다. 그래서 오월의 의미와 목표 그리고 참배 사진을 배너로 만들어 제주도를 포함한 전 지역단 영업관리자와 총무들에게 전달하여 힘을 모았다. 힘은 신속하게 한 방향으로 결집되었고 그대로 밀고 나가 2분기도 세일즈 레전드 시상에 1등을 하게 되었다.

그룹 연수원에서 창조 관련 업무를 할 때 "창조는 언제 가장 잘 발현되는가?"라는 질문에 "창조의 시간은 전쟁터"라는 어느 CEO의 답변이 생각난다. 사람은 전쟁터라는 극한 상황에서 생존하기 위해 순간 폭발적인 창조성이 발현된다는 것이다. 간절하고 절실하면 보이지 않는 것도 찾아낸다. 당시 나에게는 그만큼 절실했다. 그 절실함이 '오월은 호남'이라는 슬로건을 만들어낸 것이다.

리더의 액션 4
8연패 도전

매년 20% 성장의 목표는 버거웠다. 그렇지만 세일즈 레전드 8연패를 목표로 하는 사업부로서는 도전해야만 했다. 그러자면 우리는 다른 사업부보다 한발 앞서 발 빠르게 시장을 분석하고 대응해야 했다. 그런데 현장 지점장들은 사업부 비전과 목표에는 공감하지만 매일매일 달성해야 할 목표에 대한 강박관념과 스트레스로 많이 지쳐 있었다.

지점장들이 다시 힘을 내지 않으면 비전도 목표도 허망한 것이다. 그래서 그들과의 소통에 착수했다.

"왜 우리는 8연패를 해야만 하는가?" "8연패를 하면 회사와 사업부에 어떻게 기여하는가?" "8연패를 하면 우리에게 무엇이 도움이 되는가?" "이를 위해서 우리는 무엇을 어떻게 해야 하는가?" 일단 지역 단별로 순회하면서 지점장, 총무들과 저녁 식사를 하며 배경을 설명하고 협조를 구했다.

2019년 8월, 7연패를 성공적으로 마무리한 나는 담양에 있는 아름다운 계곡 옆의 식당을 빌려 7연패 자축 파티를 했다. 시원한 계곡 물소리에 맛있는 음식과 술 한잔을 곁들이며 서로의 고생에 대해 위로와 격려를 주고받는 시간이었다. 지점장 가운데 노래를 잘하는 네 명을 선발하여 복면가왕 복장을 입혀 노래를 시키고는 그가 누군인지 알아 맞혀보는 게임도 하고, 보물 찾기 게임도 하는 등 즐거운 시간을 가졌다. 노래를 함께 부르고 춤도 추면서 즐거운 시간을 보내는 동안 나는 우리 사업부가 '왜 8연패 도전해야 하는지'에 대해 설명하고 그로부터 기대되는 효과에 대해서 설명하자 모든 사람들이 크게 공감했다. 드디어 미리 8연패를 달성한 것처럼 파이팅을 외치며 건배를 하고 기념 사진도 찍었다. 공감대는 힘들다. 특히 신세대 지점장들은 사전 공감이 형성되지 않으면 능동적이고 주도적인 영업을 하지 않는다. 그런데 사업부 전체가 8연패를 미리 축하했으니 안 할 수가 없게 된 것이다. 그래서 한번 더 기록을 향해서 전투화 끈을 단단하게 묶었고 드디어 회사 창사 이래 처음으로 호남 사업부가 8연패를 달성하게 된다. 기적의 역사를 만들었다.

리더십 액션 가이드

- 조직의 비전 수립은 회사의 비전과 목표와 연계시켜라.

- 비전 수립 과정에 구성원을 참여시켜서 공감대를 높여라.

- 비전은 구체적이고 달성 가능한 내용으로 구성하라.

- 비전 달성을 위해 정기적으로 이슈를 발굴하여 슬로건 경영을 하라.

- 업무 수행과정에서 구성원들과 수시로 비전에 대해 이야기하라.

- 문학적 표현을 사용하여 구성원들의 가슴을 뛰게 비전을 만들고 배너나 플랜 카드를 제작하여 활용하라.

- 비전 달성을 위한 목표와 구체적인 추진전략을 주기적으로 점검한다.

- 비전 달성 과정상 문제점 및 한계를 파악하여 해결 대안을 찾으려고 노력하라.

- 구성원들이 조직의 비전 달성에 몰입할 수 있도록 다양한 동기부여 방법을 발굴하라.

- 비전 달성 과정에서 작은 성과라도 축하하고 격려하라.

17장

조직문화

창의적인 조직문화 만들기

그룹 인력개발원에 근무할 당시 스탠포드 D스쿨, MIT lab, 이스라엘, 레고, 픽사^Pixar 등 창의성에 관한 유수한 기업과 기관을 30여 곳을 방문하여 전문가를 인터뷰하고 창조기업 및 기관을 벤치마킹했다. 이를 바탕으로 창조 관련 콘텐츠와 조직문화 구축을 위한 방법론을 개발하여 국내뿐만 아니라 해외 전파까지 총괄한 경험이 있다. 이 경험은 호남사업부로 첫 현장 발령을 받아 생소한 조직을 창의적인 조직문화로 바꾸는 데 큰 힘이 되었다.

창의성^Creativity이 기업의 사활이 된 요즘, 경영자들은 이구동성으로 인재 채용은 어렵고, 인재를 채용해도 창의적 성과를 내기는 더 어렵다고 하소연한다. 그런데 창의적 성과를 내기 위해서는 인재 채용에 앞서 경영자 자신의 냉정한 현실 인식이 필요하다. 그들은 모두 똑똑하고 유능한 사람들로서 자신이 조직 내외부를 속속들이 파악하고 있다고 생각하거나, 자신이 내리는 결정은 대부분 옳다고 믿는다. 대개 성공 경험이 많은 경영자일수록 더 완고한 경향을 보여준다. 이런 경영자가 있는 기업에서 창의적인 조직문화는 요원하다. 그러므로 경영자가 먼저 자신의 성공모델로는 현실을 돌파하기 어렵고, 자신의 판단과 아이디어는 시장과 괴리가 있다는 사실을 인정하는 것부터가 창의적으로 지속 가능한 기업의 시작임을 자각해야 한다.

고백하자면 내가 창의적인 조직문화에 관심을 가진 것도 다행히도 보험영업의 경험이 전혀 없는 점이 작용했다. 경험이 없으므로 새로운 접근법을 고민하게 되었고, 그간 학습으로 다져진 이론을 접목해볼 기회가 생긴 셈이다. 창의성은 이처럼 완고하고 루틴한 일상과 조직에서 얻기는 힘들다. 다른 경험을 가진 새로운 인간, 생각하지 못했던 신선한 공간, 일상과 다른 시간에서 오는 자극이 우리에게 인사이트를 준다. 즉 창의성은 인간, 공간, 시간의 삼간三間을 뛰어넘어 재배열, 융복합이 만들어내는 혁신인 것이다. 이런 혁신으로 콘텐츠 업계에서 유례를 찾기 힘든 '지속 가능한 창의적 경영'의 진수를 보여주고 있는 픽사와 디즈니 애니메이션 CEO 에드 캣멀Edwin Catmull의 리더십을 살펴보는 것은 충분한 가치가 있다.

픽사와 디즈니의 성공 신화를 이끌어낸 힘

창의적 기업의 대표적 롤모델인 픽사와 디즈니 애니메이션의 성공 신화를 진두지휘해온 CEO 에드 캣멀은 "모든 창의성과 아이디어는 결국 사람의 것이다."라고 강조한다.

그는 픽사의 공동창업자인 스티브 잡스에 비하면 덜 알려져 있지만, 사실 픽사의 전신이 된 그래픽스 그룹 시절부터 기업을 실질적으로 경영해온 주역이다. 〈토이 스토리〉를 시작으로 〈몬스터 주식회사〉, 〈월-E〉 등 1995년부터 20여 년간 출시한 14개 장편 애니메이션 작품이 모두 전미 박스오피스 1위를 기록하고, 30여 개의 아카데미상을 수상하는 기록을 세운다. 부침이 심하기로 유명한 콘텐츠 업계에서 유례를 찾기 힘든 '지속 가능한 창의적 경영'의 진수를 보여준 것이다. 그가 더욱 돋보이는 점은 영화, 음반 등 대부분의 콘텐츠 제작이 외부 아이디어와 인재를 채택했다가 제작이 완료되면 해체하는 관행을 깨고 픽사의 모든 작품을 내부 직원들의 아이디어를 발전시켜 만든다는 데 있다. 그럼에도 신선함과 독창성을 잃지 않는 창의성이 그 핵심이다. 이는 캣멀이 픽사 특유의 창의적 협업 시스템과 소통 방식 등 기업문화 핵심 DNA를 안착시킨 결과다. 픽사가 월트 디즈니 컴퍼니에 인수합병된 2006년에도 픽사와 디즈니 애니메이션 CEO를 겸임하고 있던 캣멀은 디즈니의 경직된 조직문화와 비효율적 소통구조를 개혁하고 픽사의 기업문화를 이식해 〈라이온 킹〉(1994) 이후 16년간 부진의 늪에서 벗어나지 못하던 디즈니 애니메이션을 부활시켰다. 2010년 3D 애니메이션 〈라푼젤〉, 2013년에는 〈겨울왕국〉으로 역대 애니메이션 흥행기록을 갈아치우고 새로운 디즈니 신화를 만든 것이다.

캐멀은 다양한 분야, 다양한 인재들의 경험과 지식을 균형 있게 아우르는 경영가로 알려져 있다. 그런 까닭에 픽사의 작품제작 과정에서 수백여 명이 내놓는 수만 개의 아이디어와 의견이 막히지 않고 흐르지만, 결코 무질서해지지 않고 하나의 작품으로 완성도 있게 융합되는 픽사 식 '집단창의성' 시스템이 정착될 수 있었다. 이를 가능케 한 것은 의도가 없는 사고에 대해서 본보기 식 처벌을 내리는 데 전혀 신경 쓰지 않은 픽사의 조직문화에 있다. 다만 그들은 문제 해결에 대한 권한을 위임하고, 이런 문제들이 일어나지 않도록 노력하는 게 얼마나 중요한지를 직원들과 공유하는 데 최선을 다한다. 픽사의 이런 경영철학은 조직에 '실패나 위기에 대한 공포'의 문화가 번지지 않고, 집단지성과 집단창의성이 응집될 수 있는 중요한 근거가 되고 있다. 이처럼 픽사가 창의적으로 지속 가능한 성공을 이룰 수 있었던 핵심은 창의성의 주체인 사람을 최우선으로 하는 인재경영, 직급과 직위에 구애받지 않고 말단사원부터 간부까지 솔직하게 소통하며 최적의 협업 조건을 만드는 수평적 문화를 꼽고 있다.

샤오미와 레고의 집단창의성

"요즘 젊은이들은 기능이나 브랜드를 소비하는 것이 아니라, 참여를 통한 성취감을 소비한다."

샤오미의 성공 비결 가운데 하나로 1천 400만 명에 달하는 '미펀＊粉'을 꼽는다. 미펀은 샤오미의 팬을 가리키는 말인데, 이들은 그저 소비자에 그치지 않고 제품의 기획과 개발에도 참여하는 데서 자부심이 대단하다. 샤오미의 이런 전략은 창업 초기부터 적용되었다. 샤오미 스마트폰 운영체제OS인 '미유아이MIUI'를 처음 개발할 당시인 지난 2010년, 고객 100명에게 '알파테스트'를 했다. 알파테스트는 원래 개발자들끼리 비공개로 진행하다가 완성 단계에 이르면 외부에 공개하는 베타테스트 단계를 거치는 게 일반적인데, 샤오미는 미완성 제품을 고객에게 공개한 것이다. 그때 알파테스트에 참여했던 고객들이 열혈 미펀이 된 것이다.

이들은 이후에도 꾸준히 증가해 현재 1천 400만 명에 이르는 막강한 팬들이 만들어진 것이다. 현재도 미펀의 활약은 이어지고 있다. 매주 금요일 오후 5시에 업데이트되는 미유아이가 미펀들의 평가를 반영하고 있다. 이들이 모이는 온라인 게시판에 A4용지 수십 매에 달하는 의견이 올라오는데, 매주 화요일에 그 의견들을 바탕으로 지난주에 가장 사랑받았던 기능과 엉망이었던 기능을 각각 평가한다. 당연히 곳곳에서 논쟁이 벌어진다. 이들과 샤오미는 이런 논쟁까지 즐기고 장려한다. 이렇게 해서 선택된 좋은 제안을 한 미펀에게는 '빠오미화상(팝콘 상)'이라는 상을 주며 극진히 예우하고 있다.

레고사가 수년간의 부진을 탈피하고자 도입한 전략은 레고식 집단 창의성인 크라우드 소싱Crowd+Outsourcing이었다. 이 전략은 기업 내부에서 처리하기 힘든 문제 해결을 위해 일반 대중들의 참여를 유도해 그들의 지식을 모아 해결하고, 이에 따른 적절한 보상을 해주는 방법이다.

레고의 소비자는 누구라도 자신의 창작품을 3D 모델을 가상으로 만들어서 레고사가 운영하는 '레고 디지털 디자이너' 프로그램에 올릴 수 있다. 만 13세 이상의 레고 홈페이지 가입자라면 누구나 창작품을 올릴 수 있다. 이렇게 올라온 아이디어는 어느 정도 기간 내 단계를 거쳐서 총 1만 명 이상의 소비자로부터 서포트를 받아 레고 본사의 심사 테이블에 올려진다. 여기서 통과하면 실제로 제품화돼서 팔리게 되는 것이다. 이런 레고식 집단창의성 프로그램은 소비자로 하여금 자신이 생각한 레고 작품이 실제 제품으로 나온다는 멋진 경험을 갖게 하고, 그런 영예에 더해서 자신의 아이디어가 제품으로 나오면 그 제품 순수익의 1%를 보상받을 수 있는 인센티브까지 챙길 수 있으므로 참여자가 계속 늘어나고 있다. 이는 소비자들이 창작한 레고를 소비자가 평가하여 높은 점수를 받으면 본사에서 채택해 실제 완구 상품으로 출시하고, 소비자들이 또 그 완구를 구매하는 시스템으로 선순환구조를 자연스럽게 만들어내는 집단창의성 사례를 잘 보여주고 있다.

리더의 액션 1

집단지성을 활용한 상품연구회

창조기업 및 기관을 방문하여 집단지성을 기반한 집단창의성의 파워풀한 효과를 경험한 나는 호남사업부에 부임해 사업부 맞춤형 연구개발R&D 기능이 필요하다고 생각했다. 그동안 주요 상품과 마케팅 전략을 본사에서 내려주고 사업부는 그것을 현장에 운용하는 수준이었다. 실적에 쫓기는 영업 현장이다 보니 연구 개발할 만한 인력도 없고 시간적 정신적인 여유도 없는 것이 현실이었다. 그런데 본사에서 만들어져 내려오는 마케팅 기법과 판매 방법, 세일즈 화법 등은 상이한 지역의 고객 특성을 고려하지 않아 현장에서 성과를 내지 못하는 경우도 발생한다. 그런 상황에서 번뜩 떠오른 것이 그룹에서 경험한 집단지성의 활용이었다. 그래서 곧바로 집단지성을 활용한 R/D 역할을 수행할 상품연구회를 발족하였다. 시간을 최소화하면서 연구개발을 할 수 있는 가장 강력한 수단이 바로 집단지성을 활용한 집단창의성이다.

바로 실행에 들어갔다. 각 지역단에서 영업을 잘하면서 지속적으로 연구하는 지점장 한 명씩을 뽑아서 추천하라고 지시했다. 이렇게 뽑힌 연구원(지점장)들은 매월 첫 주 수요일에 당월 상품 전략 및 판매 전략 등을 미리 공부해와서 10분씩 발표하고 이후 질의응답과 아이디어 교환을 하게 했다. 이 상품연구회 시간에는 내가 반드시 참석해 독려하고 발표된 아이디어를 함께 공유했다. 사업부장이 참석하니까 연구원들도 성의를 다해 노력한 결과물을 발표한다. 사업부 특성에 맞는 현실적인 돈 되는 전략들이 많이 생산되었다. 그러자 연구원들은 서로 다른 지역단에서 내는 좋은 아이디어를 노트북에 담아 정리하여 자기 것으로 만들어간다. 혼자서는 생각하지 못한 방법과 아이디어가 집단지성으로 영업에 대한 시야를 넓혀주고 지식을 쌓는 중요한 기회를 제공한 것이다.

이를 통해 후배들을 코칭하여 핵심 인력으로 양성하는 세션 하나가 추가되어 그들 한 명 한 명이 미래 리더로 성장할 수 있는 기회를 제공한 1석 3조의 결과를 얻었다. 멀리 가려면 함께 가라는 옛말이 있지 않은가? 혼자 성공하는 것보다 집단지성을 발휘하면 훨씬 효과적이라는 것을 검증했다. 젊은 세대들은 자신의 철학과 생각들이 뚜렷하고 창조적인 끼를 모두 가지고 있어 그들이 놀 수 있는 판을 깔아주고 조금만 흥을 돋우어주기만 하면 기성세대가 기대하는 이상의 신선하고 참신한 아이디어들이 쏟아져 나온다.

리더의 액션 2

월례회의 in Seoul

집단지성을 활용하는 것은 영업뿐만 아니라 다른 영역에서도 활용이 가능하고 빠르게 변화하는 환경에 대응하기 위한 방법으로도 유효하다. 인간, 공간, 시간의 '삼간'을 어떻게 조합하고 배열하는가에 따라 혁신과 창조가 일어날 수 있다.

호남사업부의 월례모임은 늘 사업부 회의실에서 모여 시상과 발표를 듣는 것이 전부였다. 그래서 뭔가 변화를 줘야겠다는 생각을 했다. 영업관리자들에게 "서울 본사에 가본 사람들이 있느냐?"라고 물었다. 그랬더니 그 많은 사람 가운데 그렇다는 사람은 겨우 여섯 명에 불과했다.

본사에서 수상한 사람들 외에는 가본 적이 없다는 것이다. 그래서 나는 사장님에게 "호남사업부가 1등을 하면 서울 본사 경영회의실에서 영업관리자 월례회의를 하고 싶다"라고 건의드렸다. 사장님은 흔쾌히 허락했다. 아마 사업부 포부가 참신했기에 설마 하고 허락해주지 않았을까 싶다. 어떻든 우리는 2019년 3월 서울 본사에서 월례회의를 하기로 결의하고 1등 호남을 목표로 영업에 정진하였고, 드디어 1등을 달성한 호남사업부는 서울로 향했다. 아침 일찍 업무를 총무들에게 위임하고 출발한 지점장들은 제주에서는 비행기를 타고 목포, 순천, 여수, 광주, 상무, 익산, 전주에서는 기차를 타고 본사에 도착하여 임원들이 회의하는 31층 경영회의실에 앉았다.

월례회의가 진행되자 사장님은 격려뿐만 아니라 자신의 집무실에서 지역단별로 사진을 찍을 수 있도록 배려해주었다. 1등 지역단장과 지점장은 사장님 집무실 의자에 앉아서 사진을 찍는 특혜도 제공되었다. 그밖에도 평소 호남에서는 좀처럼 보기 어려운 사장님과 본부장님, 그리고 관련 부서 임원들을 만날 수 있었다. 31층 경영회의실에서 우리 지점장들은 분명 많은 생각을 했을 것이다. 자신의 꿈도 커지고 자신감과 자부심도 덩달아 높아졌을 것이다. 삼간, 즉 공간의 변화, 시간의 변화, 인간의 변화를 통해 호남사업부는 새로운 혁신이 생겨나기 시작했다.

쉽게 갈 수 없는 공간, 일상과 다른 시간, 감히 범접하기 어려운 사람을 만나는 경험은 영업 문화를 새롭게 바꾸는 중요한 계기가 된다.

리더의 액션 3

삼간三間 혁명을 위한 노력들

호남사업부의 살림을 책임지고 있는 총무들을 위해서도 혁신을 위한 '삼간'의 재조합, 융복합하는 시도를 했다. 기존의 패러다임에서 벗어나 새로운 장소, 새로운 시간, 새로운 사람들을 만나면 관점의 혁신을 가질 수 있기 때문이다.

2019년 5월 2분기 세일즈 레전드 1위 달성을 위한 긴박한 순간에 월례회의 장소를 5·18 국립묘지로 잡았다. 역사의 현장이라는 공간, 민주 열사들과의 만남, 1980년의 시간과의 소통 등을 통해 5·18 정신이 영업 정신으로 승화하기를 기대했다. 그 결과는 탁월했다. 호남인들에게 각인된 5·18 정신은 기어이 1등을 수성하는 계기를 만들었다.

정보미팅의 발상을 전환해 성과를 거둔 일도 좋은 사례다. 호남사업부에는 영업지점이 50개고, 여기에 소속된 설계사가 3천 명인 대규모 조직이다. 이들에게는 매일 아침 9시에 지점장으로부터 상품이나 판매 방법 등에 대해 교육을 받고, 이어 영업에 도움이 되는 정보가 전달된다. 이것을 정보미팅이라고 하는데 지점장이 얼마나 정성을 들여 자료를 만들어 설계사들이 쉽게 이해할 수 있도록 전달할 것이며, 전달받은 설계사들이 자신감 있게 고객들에게 설명하여 계약을 성사시키도록 연계시키는 것이 관건이다. 그런데 지점장들의 역량과 전달력 차이로 영업성과에 편차가 심했다. 이런 상황에서 다음과 같은 질문들을 해봤다. "핵심 상품설명과 변경 내용을 상향평준화하여 전달할 수 있는 방법은 없을까?", "중요한 설명을 쉽게, 때론 긴급하게 설계사들에게 직접 전달할 수 있는 방법은 없을까?"

이런 고민을 하던 차에 전 지점이 화상회의를 할 수 있도록 시스템이 되어 있는 것을 확인하고 스태프 가운데 전문가에게 지시하여 화상회의를 통해 사업부 전체가 정보미팅을 할 수 있도록 추진했다. 스태프들의 이견과 현장 지점장들의 저항도 있었지만 나는 강행했다. 스태프 중 최고 전문가를 뽑아 설계사들이 바로바로 이해할 수 있도록 조리 있고 체계적으로 설명하도록 했다. 반응은 대박이었다. 이후 그는 필요한 시점마다 등판하여 사업부 전체 영업 방향과 판매 필살기를 공유했다. 화상회의를 통한 정보미팅이 자리를 잡아가자 이후에는 영업방향과 상품설명을 넘어 고능률 설계사들의 노하우를 직접 공유하게 되었다. 특히, 도입이나 영업에 역량을 발휘하는 설계사를 섭외하여 사업부 전체 설계사들에게 자신만의 필사기를 공유하도록 했다. 그러다 보니 실력이 뒤처지는 지점장은 지점 소속 설계사들에게 눈총을 받게 되어 공부를 해야만 하는 상황이 되었다. 시간이 지나면서 실력이 향상된 지점장들이 늘어나면서 사업부는 상향 평준화를 이룰 수 있게 되었다. 사실 별것 아닌 것 같지만 화상회의라는 조그

만 시도가 공간과 인간의 경계Boundary를 넘어서는 기회를 만들어준 것
이다. 역시 시간과 인간, 공간의 기존 관념을 깨뜨리면 새로운 변화가
일어나고 성과로 이어진다는 것을 경험한 기회였다.

리더십 액션 가이드

- 인간, 공간, 시간을 재조합하여 창의적인 조직문화를 만들어라.
- 기존 회의 시간과 장소, 참석 인원을 바꿔서 인사이트를 얻도록 해라.
- 사이버 공간을 활용하여 정보를 제대로 신속히 공유하라.
- 상품 기획 및 연구 개발에 집단지성을 적극 활용하라.
- 조직을 다양한 배경과 전공을 가진 구성원들로 만들어라.
- 다른 분야와 경험의 사람들을 만자서 적극적으로 소통하라.
- 철저히 깊은 사고력으로 보이지 않는 것을 볼 수 있는 시력을 키워라.
- 다양한 사람들과의 관계성을 확장하고 다르게 생각하는 입체적 사고력을
  키워라.
- 다양한 여러 환경과의 관계성을 넓히고 폭넓게 볼 수 있는 시야를 키워라.
- 신세대들의 창의적인 끼를 인정하고 놀 수 있는 판을 만들어라.

18장

목표설정

공동의 꿈 실현하기

　인생에서 꿈은 나침반과 같은 역할을 한다. 꿈은 삶에서 우리가 맞
닥뜨리게 될 수많은 선택 지점에서 어떠한 옵션을 취해야 할지 알려
주는 이정표와 같다. 꿈은 망망대해를 헤매는 배가 좌초 직전에 등대
를 발견한 것과 같은 찰나의 순간에 희망을 주는 것이다. 우리는 태어
난 나라를 바꿀 수 없고 우리를 낳아주신 부모님을 선택할 수도 없고,
태어난 때를 선택할 수도 없지만, 삶의 매 순간은 스스로 선택하고 결
정할 수 있다. 그 순간에 필요한 것이 꿈이다. 꿈이 있는 삶은 목표를
가질 수 있으며, 목표가 있는 삶이 비전을 가질 수 있다. 비전을 가진
사람이라야 일을 한 후에 자신이 한 일에 대한 보람을 찾는다. 그러
므로 꿈은 삶을 이끄는 엔진과도 같다. 그렇게 우리는 꿈을 통해 발전

하고 성장한다. 또한 꿈은 우리 삶의 지지대이기도 하다. 삶이 힘들어 주저앉고 싶을 때, 뜻하지 않은 고난을 만나 천 길 낭떠러지와 같은 시련에 봉착해 있을 때도 꿈은 우리를 다시 일어서게 하는 힘이 되어 준다. 만약 꿈이 없다면 우리가 만난 난관은 태산처럼 커서 감히 넘고자 하는 엄두를 못 내게 할 것이다. 삶의 의미와 가치, 그리고 목표를 잃은 사람은 하루하루가 지옥과 같을 것이기 때문이다. 불안과 좌절, 그리고 불행은 모두 꿈이 없어서 생기는 것들에 불과하다. 그러나 자신에게 꿈이 있다면, 현재의 난관은 꿈에 이르기 위해 넘어야 하는 작은 장애물에 불과하며, 설사 당장 넘지 못하더라도 앞으로 삶에서 언제든 넘을 수 있는 기회가 얼마든지 있음을 알게 된다.

그러므로 꿈은 우리가 하는 일이 무엇인지 알 수 있게 해주고, 매일 매일의 결정을 내릴 수 있도록 지침을 준다. 또한 내가 바라는 미래의 청사진을 눈앞에 그려주고, 날마다 삶이 경쟁이 아닌 가슴 설레는 놀이에서 내 편인 응원군이다.

구체적이고 간절한 꿈

꿈은 '실현하고 싶은 희망이나 이상'이라고 한다.

그렇다고 꿈이 추상적이고 거창한 개념이어서는 안된다. 현실의 삶에서 실현할 수 있는 구체적인 것으로 조금 노력하면 이룰 수 있는 것이어야 한다. 꿈은 'To Be^{되고 싶은 것}, To Have^{갖고 싶은 것}, To Do^{하고 싶은 것}이라고 생각한다.

미국의 저술가이자 사업가 그레그 S. 레이드Greg S. Reid에 따르면 꿈과 함께 날짜를 적으면, 그것은 목표가 되고, 목표를 잘게 나누면 그것은 계획이 되며, 그 계획을 실행에 옮기면 꿈은 현실이 된다고 한다. 실제 이것을 증명한 인터뷰 결과가 있다.

1979년 하버드 경영대학원 MBA 과정의 새내기를 대상으로 "졸업 후 무엇을 할 것인가?"라는 질문을 던졌다. 3%의 학생은 뚜렷한 목표와 함께 목표를 달성하기 위한 계획을 종이에 기록까지 하고 있었다. 13%의 학생은 목표는 있지만 종이에 직접 기록하지는 않았고, 84%의 학생은 힘든 MBA 과정을 마치면 여름을 즐기겠다는 것 외에는 별다른 목표가 없었다. 10년이 지난 후 그 졸업생들을 다시 인터뷰해보았다. 결과는 놀라웠다. 종이에 목표를 기록하지는 않았지만 목표를 가지고 있었던 13% 그룹은 여름 휴가를 즐기겠다고 답한 84% 그룹보다 2배 높은 수입을 벌고 있었고, 종이에 목표와 계획까지 기록한 3% 그룹은 나머지 97% 그룹보다 10배 이상의 수입을 올리고 있었다.

이들뿐만 아니라 우리 주변에는 자신의 꿈과 목표를 명확히 세우고 일생을 바쳐 신념을 갖고 꿈을 이룬 사람들은 많다.

잘 알려진 대로 거제도 바닷가에서 태어난 고 김영삼 대통령은 어린 시절부터 꿈꾸었던 대통령을 기어이 해내고 말았다. 대부분의 성공한 사람들은 자신의 꿈이 명확하고 그것을 목표로 해서 계획하여 실천한 사람들이다.

김밥 장사로 미국 요식업을 평정한 김승호 사장의 이야기는 꿈을 어떻게 실현하는지를 잘 말해준다. 그가 20살 때 직접 고안한 100번 노트는 간절한 꿈을 이루기 위해 매일 100번씩 100일을 쓰는 것을 말한다. 그의 첫 번째 꿈은 아름다운 여인을 아내로 맞이하는 것이었다. 그렇게 그는 세상에서 가장 아름다운 아내를 얻는 데 성공했다. 그리고 멋진 건물을 보면 몇 년 후 사옥으로 만들겠다는 구체적인 목표를 세우고 100번 노트를 쓰는 것이다. 간절한 집념으로 노력하여 드디어 그 사옥을 가졌다. 그 후 그는 무엇이든 간절하게 원하는 일이 있을 때마다 그 소망을 100일 동안 100번씩 쓰기 시작했고 불가능해 보이는 여러 목표를 이뤄냈다.

그런데 100일 노트를 쓰는 동안 자신이 정말로 그것을 원한다고 생각했는데 내면 저 깊은 곳에서 동의되지 않는 목표가 발견되면 그것은 과감히 제거하는 통찰도 얻게 된다. 그로 인해 오롯이 자신이 원하는 삶과 시간, 마음을 다하는 일로 곧게 나아갈 수 있었다. 그는 "나는 말의 힘을 믿는다. 한 번 말을 하고 나면 잊기 전까지 그 힘이 사라지지 않음을 믿는다"라고 강조한다. 그 말에 힘을 부여하기 위해 그에 맞는 이미지를 만들어 포스터로 제작해 걸어놓거나 글로 써놓고 매일 보고 또 본다고 한다. 매일 100번씩 100일 동안 상상하고 쓰고 외치는 동안 꿈은 그에게 늘 가장 가까이 있는 현실인 셈이다. 그는 지금도 그의 수첩 안에 명함 크기로 만들어 넣고 다니는 목표와 꿈들이 20여 가지가 넘게 있다고 한다.

氣 Up Dream Tour

영업 현장은 매우 치열하다. 주어진 목표액을 달성하지 못하면 설계사에게는 금전적인 손해가 크고 영업관리자나 사업부장은 낮은 평가를 받아 보직 이동을 하거나 심지어 해임당하기도 한다. 그렇다 보니 치열하기가 이루 말할 수 없다. 이런 영업 생태계 속에서 살아가는 영업관리자들은 매일 하루를 올인하고 저녁이면 술마시면서 스트레스 푸는 게 일상이다.

어느 날 우연히 후배 직원들에게 "꿈이 뭐냐?"라고 물었다. 그런데 의외로 답이 없다. 명확한 꿈이 없으니 하루가 힘들고 상대적으로 스트레스도 많을 수밖에 없다. 그래서 나는 사업부 가족들의 기를 살리고 꿈을 가져보자는 취지로 '氣 - UP Dream Tour'를 기획하여 50여 개 지점 3천명과 함께 꿈을 만들어가기로 했다.

'호남사업부는 가족이고 식구입니다.'라는 부제를 달고 식구는 한 집에 살면서 끼니를 같이하는 사람이라는 생각으로 처음에는 점심식사를 함께하려고 했으나 설계사들이 낮 시간에는 외부에서 영업활동을 해야 하므로 아침 식사를 하는 것으로 대체했다. 전라남북도와 제주도를 포함한 총 400km에 걸쳐 있는 지점의 설계사들과 아침을 먹기 위해서는 도시락을 들고 새벽에 나서야 한다. 정성들여 준비한 도시락을 가지고 도착하면 설계사들이 반갑게 맞이해준다. '19년 일하는 동안 이렇게 사업부장님과 함께 식사를 같이한 것이 처음'이라는

설계사, '아침 식사를 사업부장과 함께하는 자체가 좋았다'는 설계사
분들, 그들과 나는 일일이 악수하며 맛있고 근사한 아침을 함께하며
현장의 고충과 의견을 들었다. 아침이 끝나면 꿈에 대해 강의하고 동
영상을 보여준다. 강의는 생각보다 큰 감동을 주었다. 지금까지 먹고
살기 위해서 꿈에 대해 생각하지 못한 그들은 혹 꿈이 있더라도 자식
과 가족이 살기 위한 꿈이였지 자신을 위한 꿈은 없었던 것이다. 눈시
울이 붉어져 눈물을 흘리는 그들을 보며 나도 가슴이 아파왔다. 특히,
오토바이 대만 일주의 꿈을 이룬 영상은 그들의 가슴을 뜨겁게 했다.
60대의 주인공은 젊었을 때 오토바이를 타고 함께 재밌게 보냈던 친
구들이 나이를 먹으며 하나둘 저 세상으로 떠나 보내고 어릴 적 친구
들과 함께 꾸었던 오토바이 대만 일주의 꿈을 이루기 위해 시작한다.
주사기를 빼고, 달고 살던 약봉지도 던져버리고 몸을 만들기 시작한
다. 달리기와 윗몸 일으키기를 하면서 꿈을 향해 땀을 흘려 드디어 먼
저 저 세상으로 간 친구들의 영전 사진을 오토바이에 싣고 전국을 질
주한다. 꿈을 꾼 다는 것은 결코 나이와 상관없다는 메시지의 강렬함
에 설계사들은 다시 한번 자신들의 꿈을 생각하는 계기가 된 것이다.

　꿈은 정말 중요한 삶의 원동력이다. 꿈을 갖고 있느냐가 중요하지
그 크기는 중요하지 않다. 소박한 꿈이라도 꿈을 갖고 있는 사람과 조
직은 발전한다. 그래서 우선 우리가 해야 할 가장 시급한 일은 자신의
꿈이 무엇인가를 정확하게 결정하는 것이다. 자식의 꿈도, 가족의 꿈
도 아닌 자신이 정말 간절히 원하는 나만의 꿈이 무엇인지를 내면의
소리에 귀 기울여서 찾아내야 한다. 그냥 성공 한번 해봤으면 하는 막

연한 것도 안 된다. 마음속에서 원하는 것을 상상하고 그려보아야 한다. 그다음 자문해보는 것이 좋다.

'나는 지금 무엇을 향해 걸어가고 있는가?'

'나의 결승점은 어디인가?'

'내가 정말 갈구하는 것을 눈앞에 그릴 수 있는가?'

'만약 그 성공이 금전으로 계산할 수 있는 것이라면 그 가치는 얼마나 될까?'

'하나의 일에 대해서 목적을 가졌다면 그 목표는 명시할 수 있는가?'

여기에 대한 대답이 지금 이후의 우리 전 생애를 결정하는 포인트가 될 것이기 때문이다.

리더의 액션 2

Dream Comes True

대개 성공하고 싶어 하면서도 구체적인 꿈을 물어보면 모호한 대답을 할 뿐이다. 실제로 백 사람에게 꿈을 물어본다면 그중 한두 사람 정도가 자신의 꿈을 명확히 답할 수 있을 정도다. 그래서 나는 호남사업부 설계사와 영업관리자 전체에게 자신의 드림카드Dream card를 작성하도록 했다. 개인의 꿈, 가정의 꿈, 직장에서의 꿈을 각각 작성했다. 그들의 책상에 드림카드를 코팅해서 부착해주었다. '아름다운 전원

주택 갖기', '명품 외제 차 갖기', '존경받는 부모 되기', '해외 여행 가기' 등등 설계사들은 그동안 막연하게 생각하고만 살았던 꿈을 구체적으로 적었다. 많은 설계사가 꿈을 적고 꿈을 꾸며 꿈을 실현하기 위해 많이 노력했고 그 과정이 결실을 맺기 시작했다. 우리는 그저 열심히 일한다는 것만으로는 부족하다. 왜 일을 열심히 해야 하는가, 무엇을 위해서, 누구를 위해서 일을 열심히 해야 하는가가 명확할 때 우리의 일은 탄력이 붙어서 더욱 효과를 얻을 것이다. 사업부에서 실현된 꿈들을 소개하고자 한다.

성경에도 있지 않은가? "너는 내게 부르짖으라. 내가 네게 응답하겠고 내가 알지 못하는 크고 비밀한 일을 네게 보이리니."(예레미야 33장 3절)

서울에서 사업에 실패하고 고향으로 내려와 매일 목표를 정해서 쓰고 외치면서 가난의 굴레를 극복한 고흥지점의 ○○○ 설계사의 사례다.

고향으로 내려와 고등학교 시절 자취했던 창고 같은 집을 개조한 방 1년 방세 120만 원, 빚 8천만 원, 내려올 때 중고차 1대, 남편, 아들, 딸이 그녀의 전 재산이었다. 남편은 일 때문에 다시 서울로 올라갔고, 애들하고 살면서 가져갈 것도 없는 방에 사는 동안 도둑이 두 번이나 들었다. 비가 오면 지네가 방바닥에 바스락거리며 애들을 물어 응급실에 실려 가곤 했던 눈물 나는 시절이 있었다. 애들이 그때의 기억 때문에 둘 다

벌레만 보면 무서워서 움직이질 못한다. 아들 7살, 딸 4살. 엄마 도움이 한창 필요한 시기에 식당에서 아르바이트를 시작했고 너무 늦게 끝나서 애들이 불안해하고 있을 때 보험설계사 한 분이 돈을 벌려면 영업을 뛰어야 한다는 말에 보험영업을 시작하게 되었다. 몇 년간 일을 하다 보니 어느 날은 즐겁고 어느 날은 행복하고, 영업이 잘되었다가도 안 되고 가정, 직장, 갈등과 거절이 두려워 힘든 나날들이 생기면서 그만두고 싶은 순간도 많았다.

그러면서 다시 목표를 세워야겠다는 생각이 들었다. 어떻게 하면 행복한 마음으로 고객과 소통하며 영업을 잘할 수 있을까?

고민하고 또 고민하다가 내가 먼저 바뀌어야 한다는 생각에 '실천해보자, 행동해보자, 목표를 세우자' 라고 다시 다짐했다.

책을 읽기 시작했고, 감사일기, 유튜브 동영상, 명상, 청학동 마음 수련회, 서울 개인 인성교육을 주말마다 3개월씩 다니고 매일 읽고, 쓰고, 듣고, 반복적으로 실천했다. 그러면서 지금 내가 하는 영업을 최우선으로 행복한 마음으로 하자고 결론을 내려 깜지를 쓰기 시작했다.

1. TA 하루에 10건

2. 소개 요청 주간 2건

3. 조기 정예화 15일까지 달성

4. 보장 촉진 22일까지 달성

5. 장기 월 2백만 원/주간 50만 원

6. 자동차 1천/신규 5백만 원

7. 도입 2명 (1년)

8. 행복하고 감사한 마음으로 살기

9. 한 달에 3권 책 읽기

10. 운동 주 3회 실천하기

위에 있는 10가지를 백지에 35칸씩 매일 1년을 적은 대로 몸과 마음이 실천하게 되었고 목표한 대로 변화하고 성장하면서 회사에서 받을 수 있는 교육을 통해 SSU, 시니어, 주니어, MBA까지 수료했고 연봉 2억5천이라는 목표까지 달성했다.

두 아이의 엄마로 배우는 것을 멈추지 않을 것이며 하루하루 감사한 마음으로 열심히 할 것이다.

고창 지점의 ○○○ 설계사의 이야기를 소개하고자 한다.

대학 졸업 후 금융기관에서 근무하다가 남들보다는 조금 늦은 나이에 결혼한 뒤 직장을 그만두었습니다. 외벌이 남편의 고정적으로 들어오는 수입금으로 이래저래 아끼고 쪼개며 생활은 윤택하지는 않았지만 또한 어려움은 없었습니다. 그런데 남편의 일이 주로 고객을 상대로 민원상담을 하다 보니 심각한 스트레스로 우울증과 대인기피증에 시달리게 되어 일상생활을 힘들어했고 급기야 직장생활도 더는 할 수가 없어 퇴사하게 되었습니다. 여유 자금마저 병원비와 생활비로 지출하게 되어 점점 생활하기가 힘들어 시부모님이 거주하는 주택으로 이사를 하게 되었습니다. 그런데 항상 살갑게 대해주셨던 시부모님은 남편의 병환이 나의 잘못으로 인해 발생한 것이 아니냐는 생각으로 저의 행동 하나하나를 문제 삼으셨고 이로 인해 저 또한 우울증 진단을 받았습니다. 1년 동안 약을 먹고 잠을 자면서 극복하기 위해 노력했고 차츰차츰 나아지기 시작했지만, 마음속 응어리는 쉽게 지워지지 않았습니다. 당시 저는 7살, 5살, 두 딸을 키우고 있었고, 두 딸 모두를 어린이집에 보내고 있는 상태여서 간식비라도 벌어볼 목적으로 용기 내어 보험설계사의 길에 입문하게 되었습니다. 선후배와 동료들의 지원으로 한 분 한 분 고개님을 만나고 최선을 다해 상품을 설명하고 사고 발생 시 가족처럼 위로하고 신속하게 보상을 처리하다 보니 고객들에게 감사하다는 말도 듣게 되었습니다.

그러던 중 2018년 임태조 사업부장께서 고창 지점을 방문하셨습니다. '꿈'의 소중함, 꿈을 적는 방법 등을 사업부장의 강의를 듣고 3가지 꿈을 적었습니다. 1. 연봉 4천만 원 만들기, 2. 부모님과 아이들과 남편에게 인정받는 며느리, 엄마, 아내 되기, 3. 고창 지점에서 가장 착한 RC 되기. 어떻게 됐냐고요? "Dream Comes True." 꿈은 이루어졌습니다. 2019년 1월 16일 근무한 지 1년을 축하하는 돌잔치를 하며 여러 고창 지점 RC님들 앞에서 "저의 꿈은 이루어졌습니다"라고 당당히 말할 수 있었습니다. 아이들을 조금 더 나은 학원을 보낼 수 있었으며, 남편의 짐을 나눠 가질 수 있었고 또한 시부모님께도 용돈을 조금 더 드릴 수 있는 제가 되었습니다. 2019년 꿈은 무엇이었냐고요?

1. 연봉 8천만 원 만들기, 2. 가족들에게 건강하고 맛있는 음식 만들어

줘서 건강하고 행복한 가족 만들기, 3. 참고 안내하며 고객님과 함께 성
장하는 RC 되기.

결과는 지금 잘 진행되고 있습니다. 아직 2019년이 안 지났잖아요?

꿈은 자신이 누구이고 어디로 가고 있으며, 무엇이 그 여정을 인도
할 것인지를 아는 것이다. 내가 하는 일의 중요성을 분명히 알고 그것
을 성취할 수 있는 자신의 능력에 확신을 가지면 어떠한 난관에 부딪
히더라도 그것을 받아들이고 밀어붙일 수 있다. 하나님은 우리 모두
에게 특별한 달란트를 주셨고, 우리는 남들보다 잘할 수 있는 재능이
분명히 있다. 재능이 있다고 각자가 원하는 꿈과 목표를 달성할 수 있
는 것은 아니다. 먼저 자신만의 재능을 찾아내서 인생의 차별화된 자
신의 필살기로 만들기 위해서는 부단히 노력하고 연마해야 한다. 요
즘 세상에는 남과 비슷하거나 조금 잘한다고 해서 빛을 볼 수 있는 환
경이 아니다. 성실을 삶의 기반으로 삼아 서두르지 않고 자기의 꿈과
목표를 향해 꾸준히 하루하루를 최선을 다해 나아가야 한다. 남이 보
든 안 보든 독하게 실천해야 한다. 어떻게 보면 성실하고 매사 빈틈없
이 독하게 살아가는 사람에게는 명확한 목표와 꿈이 있다는 것이다.
매일 아침 일어나 내 꿈을 향해서 어디로 가고, 무엇을 하고, 누구를
만날지가 명확해진다. 매 순간 절실함과 간절함이 있다. 이런 사람들
은 꿈을 이룬다. 꿈에 날짜를 넣으면 목표가 된다. 우리가 세운 목표
는 우리를 행복하게 만든다. 목표와 행복과의 관계를 설명한 오스틴
과 벤쿠버의 목표이론에 의하면, 인간은 목표의 설정, 목표를 향한 진

전감 그리고 목표의 성취를 이룰 때 행복을 느낀다고 한다. 우드로 윌슨Woodrow Wilson은 "행복을 목표 성취의 관점에서 바라봤을 때 인생에서의 목표와 성취 간의 격차가 작을수록 행복하다"라고도 말한다. 목표 이론은 개인이 지향하는 목표의 유형과 구조 목표를 성취할 수 있는 가능성 목표를 향한 진전 속도에 의해서 행복이 결정된다고 본다. 따라서 우리는 행복하기 위해서는 꿈을 꾸고 목표를 정하고 계획을 세워서 하루하루 실천해나가야 한다.

리더십 액션 가이드

- 꿈에 대한 필요성과 중요성을 정리하여 구성원들에게 전파하라.
- 꿈과 목표 및 계획의 차이점을 알고 자신의 꿈을 작성하라.
- 구성원들과 함께 드림카드를 작성하여 실천하라.
- 꿈을 실현한 구성원들의 성공 사례를 발굴하여 전파하라.
- 자신의 꿈, 가정에서의 꿈, 직장에서의 꿈을 작성하라.
- 단지 숫자의 나열이 아닌 가슴을 설레는 꿈을 작성하라.
- 꿈은 'To Be'(되고 싶은 것), 'To Have'(갖고 싶은 것), 'To Do'(하고 싶은 것)을 구체적으로 작성하라.
- 꿈의 크기가 중요한 것이 아니라 소박한 꿈이라도 꿈을 적어서 가졌느냐가 중요한 것임을 전파하라.
- 꿈에 날짜를 넣어서 목표를 만들고 목표를 잘게 나누어 계획을 세워라.
- 명확한 꿈과 목표를 달성하기 위해 남이 보든 안 보든 바르게 지독하게 실천하라.

19장

감사의 힘

감사일기의 마법

"임 박사! 당신 집에 사과 한 박스가 선물로 들어왔다고 가정하세. 그 박스 안에는 좋은 사과도 있고 상태가 좋지 않은 사과도 있네. 매일 아침 한 개씩 먹는다면 어떤 사과부터 먹을 것인가?"

지금은 대학교수로 재직중인 옛 회사 수장이 나에게 한 질문이다.

"좋지 않은 사과부터 먹어서 해치워야 되지 않겠어요?"라고 당연한 듯 대답했다. 그러자 그는 빙그레 웃으면서 "임 박사! 자네는 오늘도, 내일도, 모레도 가장 나쁜 것만 먹는다는군. 반대로 가장 좋은 사과부터 먹어보게. 그러면 자네는 매일 가장 좋은 사과를 먹게 될테니……."

그 순간 잠시 경련이 일어나는 것을 느꼈다.

'그렇구나. 나는 지금까지 부정적인 사고의 틀 안에 갇혀 있었구나.'

당시 과거에 대한 미련과 후회 그리고 미래에 대한 근심과 걱정이 많았다. 그래서인지 긍정적인 생각과 말보다는 부정적이고 회의적인 생각과 말투가 나를 지배하고 있었다. 옛 수장은 나의 그런 모습을 우회적으로 지적해주었던 것이다. 그리고 매사 긍정적이고 감사한 생각과 말을 표현하면 그 생각과 말이 행동과 습관이 되어 나중에는 운명이 된다고 했다. 나쁜 사과를 고르든, 좋은 사과를 고르든 그것은 나의 의지와 선택이지만, 미래의 나를 위해서는 감사하고 긍정적인 사람이 되었으면 좋겠다는 말도 덧붙였다. 큰 깨달음이었다.

삼성에서 30여 년을 근속하다 보니 선후배, 동기들의 성장과 부침을 곁에서 지켜보았다. 역시 긍정적이고 감사한 사람들은 승진도 하고 부를 이루면서 성공 스토리를 남기고 있었다. 나도 어느 순간부터 자연스럽게 부정적인 사람 옆에는 잘 가지 않는다. 괜히 힘들고 기를 뺏기는 것 같다. 저녁 술자리에서도 마찬가지다. 해결책도 없으면서 불평불만만을 늘어놓는 사람과 함께 있으면 빨리 자리를 파하고 싶어진다. 반대로 밝은 에너지로 희망과 발전을 이야기하고 새로운 아이디어로 더 나은 해결책을 나눌 때는 정말이지 시간이 아까울 지경이다. 일상에서도 마찬가지다. 동료나 후배들에게 "어떻게 잘 지내?"라고 하면 말끝마다 "죽겠어" 하는 사람들이 있다. "바빠 죽겠어, 힘들어 죽겠어, 재미없어 죽겠어", 그는 아마 내가 처음 만난 30여 년 전에도 '죽겠어'를 입에 달고 살았던 것 같은데 아직도 죽지 않고 그런 상태로 살고 있다.

승진에서 밀리고, 가정도 평온하지 않고, 건강도 안 좋고, 경제적으로도 부족한 그에게는 아마도 늘 죽고 싶다는 생각이 따라다닐 것도 같다. 반대로 긍정적이고 감사하다는 사람에게는 사람이 붙는다. 그래서 일이 잘 풀리니 승진을 해서 더 큰 일을 감당하게 된다. 돈도 마찬가지다. 사람이 많이 따르다 보니 그 사람들로부터 고급 정보가 나와 좋은 투자를 할 수 있는 기회가 많아지고 그러다 보면 자연히 부를 축적할 수 있게 되는 선순환의 사이클이 생긴다. 돈이라고 해서 자신을 부정하는 사람을 좋아할 리가 없다. 돈의 가치를 알고 소중히 다루면 돈도 그에게 감사의 표현을 하는 것이 인지상정일 터이다.

우리는 쓸데없는 걱정에 마음을 너무 많이 빼앗기며 살아간다. 지나간 과거지사를 붙들고 후회하고 고민한들 무슨 소용이 있으며, 아직 오지도 않는 미래의 일을 미리 앞당겨 걱정한들 또 무슨 소득이 있겠는가? 오만가지 생각을 버리고 지금 이 순간 감사할 것을 찾고 긍정의 말을 하면 우리의 삶이 치유되고 행복해질 것이다. 감사가 주는 효과를 알면 우리가 안고 있는 근심 걱정이란 것이 한낱 헛된 수고에 지나지 않음을 깨닫게 된다.

감사를 택하든 불평을 택하든 자유지만 그 결과는 천양지차임을 경험했다. 그런데 감사는 시간이 지나면 자연히 얻어지는 열매가 아니다. 노력과 연습이 필요하다. 그러니 행복하고 싶으면 감사를 연습하고 불행해지고 싶으면 불평불만을 연습하라. "뿌린 대로 거두게 되리라."

성공에 끼치는 감사함의 효과

감사가 주는 효과를 톡톡히 경험한 나는 사업부장을 하면서 나름의 공식을 만들어보았다.

성공 = (업의 가치 + 자부심 + 꿈 + 열정) × 감사

업의 가치, 자부심, 꿈, 열정이 100점일 때 감사가 20점이면 성공의 값은 8,000점이다. 그런데 괄호 안의 변수들 값이 70점으로 떨어져도 감사의 값이 50점으로 늘어나면 성공의 값은 거의 두 배에 달하는 14,000점으로 상승한다. 감사가 주는 효과가 다른 어떤 요소보다 절대적이라는 것을 공식이 설명하고 있다. 비즈니스를 하는 나는 감사의 효과를 성공에서 찾았지만, 감사의 다양한 효과에 대해서는 수많은 석학이 이미 검증한 바 있다.

탈벤 사하르Tal Ben Shahar 하버드대학 교수는 "우리 몸에서 분비되는 엔돌핀은 암을 치료하고 통증을 해소하는 효과가 있다. 엔돌핀은 기쁘고 즐거울 때 솟아난다. 한편, 엔돌핀의 4천 배 효과가 있는 다이돌핀은 우리가 감사할 때, 감동받을 때 솟아난다. 우리 몸에서 강력한 항암효과를 내는 다이돌핀이 솟아나길 원한다면 감사히 살아야 한다."

캘리포니아대학 로버트 에먼스Robert Emmons 교수는 "감사하는 마음은 수면의 질을 개선한다. 숙면을 취하고 싶으면 양을 세기보다는 자신이 받은 감사함을 세는 것이 좋다. 감사를 습관화한 사람은 그렇지 않

은 사람보다 평균 수명이 9년이나 길었다."

연세대학교 김주환 교수는 "긍정 심리학자들은 심신을 최적의 상태로 만들기 위해서는 감사하는 마음이 긴장을 푸는 명상이나 기분 좋은 일을 생각하는 것보다 효과가 훨씬 더 높다고 한다. 특히 어려운 상황에서 곧장 회복하고 일어서는 사람을 회복 탄력성이 높다고 이야기한다. 회복 탄력성이 높은 사람일수록 아무리 어렵고 힘든 상황, 심지어는 죽고 싶은 절망적인 환경에서도 그 상황에 매몰되지 않고 그 환경을 딛고 일어선다. 그런데 회복 탄력성을 극대화하는 두 가지 방법이 있다. 하나는 '운동'이고, 다른 하나는 '감사하는 것'이다."

이만큼 감사는 우리 삶에서 절대적이고 중요한 것이다. 유럽 노동 경제학 연구소에서 조직의 긍정적인 역경을 이겨내는 마음의 근력인 '회복 탄력성'을 키우기 위해 감사를 실천하는 조직을 연구한 결과 그렇지 않은 조직보다 평균 10% 이상 높은 생산성을 보였다고 한다.

또한 로버트 에먼스 교수는 감사를 습관화한 학생은 그렇지 않은 학생보다 연봉을 2만 5천 달러 더 받았다는 연구 결과를 발표했다. 그는 감사일기를 쓰는 사람과 쓰지 않은 사람을 비교해보니 감사일기를 쓰는 사람들의 행복지수가 25% 이상 높고, 숙면을 취해 기분이 상쾌하고 늘 긍정적이어서 타인에 대해서 관대해져 삶을 희망적으로 본다고 한다. 그리고 일상의 소중함을 알게 되고 매일 긍정적인 생각으로 행복을 느낌으로써 자신의 삶이 달라진다고 한다. 결국 감사일기는 나와 우리를 변하게 해준다고 한다.

감사로 역경을 극복한 사람들

감사를 연구하다 보니 어려운 역경을 극복하고 성공한 사람들이 정말 많았다. 그 가운데 토크쇼의 여왕 오프라 윈프리의 감사일기는 많은 영감을 준다. 그녀는 가난한 미혼모의 딸로 태어나 어려운 환경에서 살았는데 10대에 삼촌에게 성폭행을 당한다. 14세에는 어린 나이에 미혼모가 되었으나, 자신이 낳은 아이마저 세상을 떠나자 가출과 마약에 찌든 방황과 비행으로 얼룩진 10대를 보낸다. 그런 그녀를 바꾼 것은 '감사일기'였다. 누구보다 비교할 수 없을 정도로 비참하고 불행한 삶이었지만 그녀는 그 속에서 감사를 찾아 매일 감사일기를 썼다.

"오늘도 잠자리에서 거뜬하게 일어날 수 있어서 감사합니다. 유난히 눈부시고 파란 하늘을 볼 수 있어서 감사합니다. 점심 식사로 맛있는 스파게티를 먹을 수 있어서 감사합니다. 얄미운 동료에게 화내지 않았던 저의 참을성에 감사합니다. 오늘 읽은 좋은 책의 작가에게 감사합니다."

이처럼 그녀가 적은 감사일기의 내용은 거창한 것이 아니다. 맑은 날씨와 푸른 하늘에 감사하고, 맛있는 점심에도 감사했다. 이런 사소한 감사가 그녀의 삶을 절망에서 희망으로 이끌었다. 그 결과 토크쇼의 여왕으로 불리며 전 세계 영향력 있는 여성 1위, 흑인 여성 중 세계 최고 갑부, 전 세계에서 가장 바쁜 1인 '오프라 윈프리'가 된 것이다.

여기 또한 한 사람이 있다. 남아프리카 공화국 최초의 흑인 대통령으로 당선되어 오랜 숙원이었던 흑백갈등을 해소한 넬슨 만델라가 그 주인공이다.

"지난 세기 위대한 영혼으로 인도의 마하트마 간디가 있었다면, 이 시대에는 남아프리카의 넬슨 만델라가 있습니다. 많은 사람에게 넬슨 만델라는 한 인간이 얼마나 위대할 수 있는지, 한 인간이 얼마나 커질 수 있는지를 잘 보여준 모델입니다." 타임지의 편집장으로 재직하면서 넬슨 만델라에 매료된 나머지 3년간 넬슨 만델라와 동고동락하며 그의 자서전을 집필한 리처드 스텐절Richard Stengel이 3년간의 기간이 끝난 후 고향으로 돌아가면서 남긴 말이다. 이토록 바다처럼 관대하고 산처럼 든든한 넬슨 만델라, 항상 여유 있는 미소를 잃지 않은 만델라였지만 젊은 시절 그의 생애는 참으로 혹독했다. 무엇보다도 아무 죄도 없이 똑똑한 흑인이라는 이유만으로 투옥되었고, 투옥 내내 가족들도 모진 박해를 받으며 뿔뿔이 흩어져 살아야 했다. 그 와중에 사랑하는 아버지를 비롯해 여러 식구는 화병으로 세상을 떠났다.

1990년 2월 11일, 드디어 넬슨 만델라는 자유의 몸이 되었는데 1962년 평화시위를 주도한 죄목으로 수감되어 종신형을 선고받고 복역하다 28년 만에 출옥한 것이었다. '장장 28년 동안이나 억울하게 옥살이를 하다가 풀려났으니 분노와 화로 폐인이 되지 않았을까? 그래서 휠체어나 구급차를 타고 출감하는 것은 아닐까?'라는 주위의 걱정은 기우였다.

그는 아주 밝고 건강한 얼굴로 당당히 교도소 문을 걸어 나왔다. 수많은 취재 기자들이 한 목소리로 질문을 던졌다.

"다른 사람들은 5년만 수감생활해도 폐인이 되어서 나오는 데 28년 동안이나 그 안에 사셨는데, 어떻게 그렇게 건강하십니까?"

환한 미소를 머금은 넬슨 만델라는 이렇게 대답했다.

"저는 감옥에서 언제나 하나님께 감사했습니다. 하늘을 보고 감사하고, 물을 마시며 감사하고, 음식을 먹으며 감사하고, 강제 노동을할 때도 감사하고, 심지어 나를 감옥에 보낸 사람들에게까지도 감사했기 때문에 건강을 지킬 수 있었습니다. 감옥은 제게 있어 저주의 장소가 아니라 성장을 위한 소중한 장소였습니다."

리더의 액션 1

조직문화에 스며들다

어떤 사람이라도 인생을 풀어헤치면 책 두세 권은 족히 나올 삶의 회노애락이 있다. 그러나 영업 현장의 설계사들, 영업관리자들의 현실은 질펀하다. 그런 그들과 마음을 열고 대화를 나누다가 혼자 사는 사택에 들어와서 앉으면 '감정전이'가 되어 절절한 아픔이 밀려든다.

그들의 인생을 내가 바꿔줄 수는 없지만, 영업 현장에서 일어나는 목표에 의한 스트레스, 고객과의 만남으로 받는 스트레스 등은 치유하는 데 도움을 주고 싶었다. 기본적으로 감정 근로자인 그들에게 '어떻게 힐링하고 충전하여 회복 탄력성을 높일 수 있을까?' 이것이 나의 과제였다. 대부분은 술, 담배, 운동으로 스트레스를 풀거나 일부 사람들은 종교에 의지하고 있었다. 성과 위주의 과도한 경쟁으로 발생한 스트레스를 상호배려와 존중하는 문화로, 상호 감사와 긍정적인 문화로 개선할 수 있는 방법이 무엇인지를 고민하게 되었다. 결론은 '감사일기'였다. 나도 직장 상사나 동료와의 마찰과 불협화음으로 힘들면 '회사를 옮겨볼까?', '다른 부서로 가면 이런 문제가 해결되지 않을까?' 하는 생각을 많이 해봤다. 외부 환경을 바꿔 문제로부터 자유로워지려고 했던 것이다. 하지만 외부 환경 변화는 근본적인 해결책이 아니었다. 내부의 사고 메커니즘을 바꾸는 것, 즉 자신의 감정을 긍정적으로 바꿔 감사의 말과 행동을 하게 되면 부정적인 감정이 없어지고 주변이 따라 변하면서 스스로 치유하고 충전해 삶을 회복시켜 준다는 것을 알게 되었다. 삶의 스트레스를 100% 없앨 수는 없다. 하지만 감사일기는 분명 긍정의 에너지를 만들어내는 마법을 발휘하여 개인에게는 힐링과 충전을 조직에는 활력을 줄 것으로 확신했다. 곧바로 감사를 매일매일 실천하고 습관화하기 위한 '감사일기 100일 프로젝트'를 실천하여 긍정적인 조직문화를 만들어갔다.

리더의 액션 2

감사일기 100일 프로젝트

'氣 – UP Thanks Tour'와 함께 호남사업부 3천 명 가족이 감사일기를 쓰기 시작했다. '감사일기 100일 책자'를 제작해 배포하고 사업부 전 지점을 방문하여 도시락으로 아침 식사를 하고 감사에 대한 강의와 감사일기 작성법을 알려주었다. 왜 100일인가?

곰이 마늘을 먹고 사람이 되기까지 100일이 걸렸고, 아기가 태어나면 100일 잔치를 해준 이유는 새로운 삶에 적응하는 시간이 100일이기 때문이다. 그래서 우리가 100일 동안 감사일기를 쓰는 습관을 만들면 충분한 효과를 볼 수 있는 것이다.

감사일기 100일의 효과

❶ 현재를 돌아보게 하여 평정심을 갖게 한다.

❷ 과거를 인정하고 받아들이게 한다.

❸ 앞날에 대한 비전을 제시하고 긍정적인 계획을 세우도록 한다.

❹ 자신의 부족한 것을 성취하도록 동기부여를 한다.

❺ 숨어 있던 잠재력을 깨우고 한계를 뛰어넘을 능력을 키워준다.

❻ 주변 사람들을 소중하게 생각하며 인간관계를 좋게 해준다.

그런데 감사일기를 처음 쓰다 보면 제일 먼저 드는 생각은 '나는 감사할 게 없는데 무엇에 감사해야지?'라는 생각과 '쓸 게 없다'라는 생각을 먼저 하게 된다. 그래서 감사일기를 쉽고 편하게 쓰도록 작성 방법을 정리해보았다.

감사일기 작성법

❶ 하루 동안 일어난 일들을 생각해보며 감사했던 일을 적어보세요.

❷ 감사함은 '맛있던 밥'과 같은 사소한 일상으로부터 시작합니다.

❸ 감사했던 일들을 떠올리며 작은 일이라도 꼼꼼히 써보세요.

❹ 잠자리 전 하루를 정리하며 감사일기로 마무리해보세요.

❺ 매일 한 줄이라도 적는 '작은 습관'을 만들어보세요.

또한 우리 설계사들에게 더 쉽게 접근할 수 있도록 감사일기 예문을 만들어 책자에 실었다.

감사일기 샘플 문장

❶ 오늘도 상담을 받아준 ○○ 고객님 진심으로 감사합니다.

❷ 오늘 점심, 맛있는 식당을 알게 해주셔서 감사합니다.

❸ 내 고민을 들어준 동료 RC님이 있어 감사합니다.

❹ 힘들었던 엄마를 생각하며, 밥을 준비해준 딸에게 감사합니다.

❺ 화창한 날씨 덕분에 행복한 하루를 시작할 수 있어서 감사합니다.

❻ 아들이 오늘 좋은 성적표를 받아와 감사합니다.

❼ 일할 수 있는 건강과 귀 기울여 주는 고객이 있어 감사합니다.

100일이 지나자 현장에서의 반응은 예상외로 컸다. 가족들과 함께 쓰겠다고 책을 추가로 요청하는 사람도, 고객들에게 선물하겠다는 사람들도 줄을 이었다. 자신이 변하는 것을 직접 경험하고, 이어 자신의 가정이 변하고, 고객과의 관계가 변화하는 등 성공 사례가 등장했다.

하루하루 스트레스로 불평불만에 찌든 사람들이 자신에 대한 감사, 가족에 대한 감사, 직장에 대한 감사, 고객에 대한 감사 등 사소한 것, 당연한 것에 감사하는 마음이 생겼다는 증언이 줄을 이었다. 감사일기를 계속할수록 힘들고 어려울 때 나를 일으켜 세워준 키워드가 '감사'였고 그래서 오늘도 매일 매일 감사일기를 쓰면서 힐링하고 행복해지고 있다는 메시지들이 사업부 전체를 긍정의 에너지로 바꿔놓았다.

설계사들과 영업관리자들의 1년에 걸친 감사일기 쓰기 효과는 대단했다. 그들의 가정이 변하고, 지점이 바뀌고, 사업부가 변하는 성과는 2년 연속 전 사업부 1등이라는 기적을 만들어냈다. 100일 지나고 나서 감사일기 성공 사례를 모아서 책자로 발간하여 배포하였고 365일짜리 감사일기 책자를 제작하여 현장 지점을 방문하여 감사와 행복이라는 주제로 강의를 하고 지속적인 '감사일기 쓰기' 문화를 만들어갔다. 감사하는 바로 그 순간, 우리는 비로소 긍정적이고 적극적이며 창의적인 사고 체계를 작동시킬 수 있다.

100일 지난 후 현장에서는 많은 변화 사례를 접할 수 있었다. 모든 구성원이 모두 실천하지는 못했지만 매일 감사일기를 쓴 사람들에게는 변화가 분명하게 생겼다. 그 가운데 소개할 만한 내용 몇 개를 공개해보겠다.

□ 사례 1 : 입사 8년 차에 찾아온 슬럼프 (서○○ 총무님)
어느덧 입사 8년 차인 나는 고등학교를 졸업하기 전에 입사해 지금까지 일하다 보니 슬럼프가 찾아오기도 하고 우울하고 무기력했던 시기도 있었다. 이렇게 힘들어하고만 있을 수는 없다는 생각에 일상의 변화를 꿈꾸던 때, '땡스투어' 이후 상무님께서 주신 감사일기에 감사함을 기록하기 시작했고, 조금씩 변하기 시작했다.

감사일기를 쓰면서 생긴 변화 중 하나는 '감사함'과 '사랑'에 대해 당연하게 여기지 않게 되었다는 것이다. 늘 가족 뒷바라지에 고생하시는 엄마에게 감사하고, 세상에서 나를 가장 소중하게 대해주는 아빠에게 감사하고, 아침에 나를 깨워주는 애교쟁이 봉자에게도 고맙다. 그런 엄마 아빠의 딸이라서, 반려견 봉자의 언니라서 감사하지만 늘 당연하다고 생각해 감사함과 사랑을 표현하지 못했던 것이 아쉬울 지경이다. 가족의 소중함을 더 절실히 느끼며 감사와 사랑을 더 표현하게 된 것이 더할 나위 없이 좋은 변화다.

막상 감사함을 기록으로 남기는 것은 생각하지 못했던 일이었고 그렇게 감사일기를 시작해보니 하루 중 반 이상을 사무실 자리에 앉아서 보내는 나는 감사일기에 쓰는 감사한 일의 대부분이 같이 생활하는 RC님, 지점장님, 선배님들에 대한 감사함이었다. 쓴소리 없이 항상 잘 챙겨주시는 지점장님께 감사하고 이 고민 저 고민 다 들어주시는 선배님께 감사했던 것들을 감사일기에 기록하다 보니 그 감사함에 대해 한 번 더 생각하게 된다. 너무 바빠서 감사일기를 작성하지 못한 날에는 일과가 끝나고 '오늘은 감사한 일이 없었나?' 하고 하루를 되돌아보며 '아 오늘은 내가 이런 일에 감사함을 느꼈구나' 다시 되새겨보기라도 하면서 마무리한다. 이렇게 감사할 일이 있다는 것과 세상을 긍정적인 마음으로 바라볼 수 있게 해준 감사일기에 오늘도 감사하다!

□ 사례 2 : 감사함이 주는 긍정의 효과 (이○○ 지점장님)

치열하게 취업을 준비하던 시기, 쉽지 않은 취업 환경에서도 열심히 일한 만큼 인정받을 수 있는 곳에서 일하고 싶다는 생각에 원하는 회사에 입사하게 되었다. 취업 대란이라는 시기에 빛이 보이지 않는 것 같았는데 기적처럼 합격했고 그렇게 영업의 길을 걷게 되었다. 이후 "감사합니다"라는 말을 참 많이 했다. 뵙게 된 고객님, 선배님들, 주변 동료분 등 사람을 만나서 하는 대화의 끝이 항상 "감사합니다"였다. 나름대로 감사함을 안다고 생각했는데, 상무님의 감사일기 강의를 들으면서 평소 감사했던 것에 대해 돌아보는 계기가 되었다. 설계사분들과 아침 미팅 시간, "덕분에 다시 생각해보고 그 계약 잘 처리할 수 있었어요. 고마워요"와 같은 감사의 말들을 주고받는 등 감사일기의 긍정적인 영향을 체감했다.

감사일기를 쓰면서 지점 식구들이 도약해 좋은 실적을 내기도 했는데, 이렇게 매사에 감사함과 긍정적인 힘이라는 좋은 영향들이 선순환해서 큰 힘을 발휘하는 것을 눈앞에서 목격하는 내가 가장 성공한 사람이라는 생각이 들었다. 사실 나에게 주어진 것이 당연하다고만 생각하지 않았는지, 사소하다고 해서 감사함의 무게를 다르게 생각하고 소홀하게 여기진 않았는지, 매 순간 되돌아보면서 사는 것은 어려운 일이다. 감사일기를 쓰기 시작하면서 감사함에 대해 생각하다 보니 아침 챙겨 먹고 나가라는 어머니께도 감사하고 맑은 하늘을 볼 수 있음에 감사하고 바쁜 일상에서 여유를 가질 수 있음에 감사하다. 똑같은 일상임에도 전과 달리 시야도 넓어졌고 그러다 보니 일을 처리하는 것도 능숙해졌다.

삶에 치이고 여유가 없을 때 보이지 않던 것들이 감사함을 생각한다는 것만으로 이렇게 달라질 수 있다는 것에 그저 놀랍다.

하루는 지역팀을 돌면서 설계사분들에게 변경된 제도를 안내해드리는 교육미팅 시간을 가졌다. 새롭게 안내된 제도를 바로 실천에 옮기는 일이 결코 쉽지 않은 일임에도 불구하고 "꼭 해볼게요" 하시며 긍정적으로 응해주시는 모습에서 더 큰 감사와 교훈을 얻었다. 매사에 감사함을 느끼지 못했다면, 아무 생각 없이 넘어갔을지도 모르는 일이지만 감사일기를 통해 하루하루를 감사함으로 가득 채울 수 있었고, 감사일기에 담긴 감사의 힘이 모여 나의 오늘이, 행복한 내일이 만들어지고 있다.

□ 사례 3 : '남편 버리기 노트'가 '감사일기'로 바뀐 뒤 생긴 기적 (김 ○○ 설계사님)

고통이 없으면 감사도 없다. 50년이 넘은 인생을 살아오며, 고통스러운 순간들이 너무나 많았다. 한시도 쉬지 않고 치열하게 살아온 지난날들을 돌이켜보면 회한과 고통만 내 곁에 남아 있다. 문득 나만 이렇게 힘들게 사는 것 같은 생각이 들어 억울했다. 과거 일이 주는 고통이 현재까지 남아 나를 괴롭혔다. 그러나 감사일기를 접하고 하루에 한 페이지씩 감사한 일들을 쓰며 나에게 찾아왔거나 찾아올 고통에 감사하게 되었다. 고통스러운 일이 없으면 감사할 일도 없다. 내가 감사일기를 쓰며 배우게 된 삶의 교훈이다.

"매일 저녁 잠들기 전, 혹은 감사한 일이 생각날 때마다 감사일기를 쓴다. 일상에서 일어나는 감사한 일들도 쓰지만, 과거에 있었던 고통을 돌이키며 적을 때도 많다. 감사한 이유를 하나씩 적으며 '과거에 이런 일이 있었지만, 더 큰 일로 번지지 않아서 감사하다. 혹은 이런 일은 살면서 겪는 아주 조그마한 일이기 때문에 이 조금도 못 견디면 감사한 일이 없을 것이다.' 라는 식으로 과거의 나를 위로하는 시간을 갖는다.

과거의 나는 힘들었던 결혼 생활에 지쳐 '남편 버리기 노트'를 썼다. 남편과 갈라서면 모든 고통이 다 벗어질 것만 같았다. 이혼 사유가 될 만한 남편의 미운 행동들을 매일매일 노트에 적어 변호사를 찾았다. 이런 자료로는 이혼이 되지 않는다고 해서 당시에는 변호사조차 원망스러웠다. 그런 세월이 흘러 다시 생각해보면 그때 이혼하지 않기를 잘했다고 생각한다.

감사일기를 쓰며 남편과 이혼하고 싶었던 당시에 대해 다시 생각해보았다. 당시 나는 남편에 대한 불만에 사로잡혀 이혼에만 몰입해 다른 감사한 일들을 잊고 지냈다. 남편이 없다면 벌어질 곤란한 상황들은 생각하지 않고 오로지 이혼만 하면 모두 다 해결이 될 것처럼 굴었다. 사실 생활비가 해결되는 것, 아이들을 키우는 데 어려움이 없다는 것 등 남편에게 고마워할 일들이 너무나도 많았는데 말이다. 힘든 상황에 몰입하다 보니 다른 감사할 일들을 잊어버린 것이다. 지금은 감사일기를 쓰면서 힘들게만 생각했던 과거를 잊고 아무리 힘든 일이 있어도 그 일의 다른 면을 찾으려고 노력한다. 감사일기로 인해 가장 크게 바뀐 것은 타인의 비난에 반응하는 나의 태도이다. 전에는 사람들과 사소한 갈등이 생겼을 때 이혼을 바랐던 때처럼 힘든 상황에만 몰입했을 것이다. 그러나 지금은 그 사람으로 인해 내가 더 성장할 수 있다는 것에 감사하다.

갈등으로 인해 나의 부족한 면을 발견하고 고칠 수 있는 것이 얼마나 큰 감사인가?

감사일기를 쓰며 겸손해지고, 잘못에 대한 인정과 사과가 빨라졌다. 나의 부족함을 인정하고 사과한다는 것이 처음에는 쉽지 않았다. 감사일기를 쓰면서 미운 사람, 힘든 상황에 대해 감사하다 보니 어떤 갈등이 생겨도 괜히 자존심을 세우며 고집부리지 않게 되었다. 일상의 갈등이 나를 성장시키는 것을 알게 되어서 잘못을 인정하고 사과하는 것이 하나도 어렵지 않은 것이다.

직장을 넘어 삶이 바뀌는 길

어느 종교인의 감사 메시지가 마음을 울렸다. "우리 인생은 탄탄한 평지만 놓여 있는 것은 아니다. 오르막과 내리막이 끊임없이 펼쳐지는 불편한 길을 여행한다. 질병의 고통을 안고 내리막길로 치닫고 있을 때 주님과 함께 감사함으로 그 길을 즐길 수 있다면 주님은 오르막길의 기쁨도 맛보게 해주실 것이다."

감사일기를 쓰면서 내 삶에도 많은 변화를 생겼다. 첫째, 작은 일에도 감사하게 되어 일과를 의미 있게 보낼 수 있게 되었다. 하루의 날씨, 건강 그리고 안전한 운전에 대해서도 감사하게 되어 매일 반복되는 일상 속에서 감사를 찾아낸다. 가끔은 감사할 것들이 반복되어 새로운 감사할 일들을 만들어가기도 한다. 감사일기를 쓰기 위해 사람들과 점심을 하면서 좋은 이야기를 하게 되는 등 감사의 영역을 확대하는 것도 생산적이다.

둘째, 주변 사람들에 대해 이해심이 많아져 미워하는 감정이 줄어들고 너그러움이 생겼다. 정말 보기 싫은 사람도 그 사람에게 감사했던 것들을 떠올리고 잘 대해줬던 것들에 감사한 생각을 갖게 되어 인간관계가 더욱 좋아진다. 과거에는 나와 다른 인생관, 직업관, 인간관을 가지고 있는 사람들과의 마찰도 많았는데 그들이 나의 가치관과 같아지기를 많이 바랐기 때문이다. 하지만 이제는 사람들 각자의 입장을 이해하려고 노력하면서 좋은 사람 나쁜 사람이라는 이분법적 사고에서 벗어나 그 사람에게 배울 점은 없는지를 살피고 각자의 삶의 철학을 인정하게 되었다.

셋째, 매사 경쟁에서 꼭 이겨야 한다는 강박관념으로부터 자유로워질 수 있었다. 경쟁에서 졌을 때의 상처와 후폭풍이 나와 가정, 그리고 조직에 스트레스를 주는 일이 많았는데 실패로부터 감사할 것을 찾게 되면서 오히려 성장을 위한 계기로 삼게 되었다.

넷째, 초조함이 사라지고 완벽주의에 대한 고질병이 줄어들었다. 보이지 않는 미래에 대해 고민하고 준비하여 실수하지 않으려다 보니 신경이 곤두서고 스스로 자책하는 일도 많았으나 더 여유롭고 자연스럽게 일들을 풀어나갈 수 있게 되었다.

다섯째, 과거의 현상들을 이해하고 과거와의 대화를 통해 많은 반성과 용서를 하게 되었다. 과거 아픈 기억과 실수나 실패가 나를 힘들게 하고 절망케 했으나, 그러한 시련과 역경이 있었기에 지금의 나로 성장했다는 것을 감사하자 평안이 찾아왔다.

여섯째, 삶의 비전을 한쪽 길로만 봤는데 다양한 세계, 또다른 비전과 꿈을 꿀 수 있게 되었다. 오직 한 곳만 바라보고 달리다 보니 다른 것이 보이지 않았었다. 이제는 나 자신에 대해 너그러워지고 다양한 꿈의 스펙트럼을 갖게 되었다.

일곱째, 새벽기도에 참석하게 되어 감사 기도를 거의 매일 드리게 된 것도 큰 변화다. 성경 말씀의 근간도 '범사에 감사하라'다. 교만하지 말고 겸손하게 고난도 성장의 원동력이요. 그릇을 키우기 위한 연단임에 감사해야 한다는 생각을 했다. 감사가 나의 상처로 인해 닫혔던 마음을 열게 하고 새로운 도전을 할 수 있는 용기를 준 것이다.

사업부 가족들과 100일 동안의 감사일기 프로젝트 후 자신과 가족, 팀, 고객과의 관계가 개선된 사례들이 정말 많았다. 그 사례들을 모아서 또 한 권의 책자를 만들어 서로 공유함으로써 감사의 문화를 확장했고 1년 365일 쓸 수 있는 감사일기 책자를 다시 제작하여 배포하였다. 이러한 힐링을 통해 자연스럽게 일과 직장에 대한 몰입이 증대되고 성과와 연계되었다고 생각한다. 앞으로도 자신과 가정에서 감사일기를 실천하고 회사의 가족들에게 감사일기를 전파하고 지인들에게도 감사의 비밀과 효과를 전도할 것이다. 감사는 내 인생에 축복이요. 평생 함께 가는 동반자라고 생각한다. 평생 감사하며 기적을 만드는 감사일기를 생활화하고 감사일기의 전도사로서 소명감을 갖고 살고자 한다.

리더십 액션 가이드

- 감사가 부정적인 감정을 없애고 힐링, 충전, 회복이 가능함을 믿고 전파하라.
- 리더 스스로 매일 매일 감사일기 작성을 실천하여 감사의 효과를 느끼고 공유하라.
- 하루 동안 일어난 일들을 생각해보며 감사했던 일들을 적어라.
- 감사함은 날씨, 식사, 주변 경치 등 사소한 일상으로부터 시작하라.
- 조직 구성원들이 지속적으로 감사일기를 작성하여 습관이 되도록 격려하고 지원하라.
- 감사일기 작성을 통한 개인, 가정 및 조직의 변화의 성공사례를 발굴하여 지속적으로 전파하라.
- 감사와 행복과의 관계성을 연구하여 시사점을 전파하라.
- 감사하면 암을 치료하고 통증을 해소하는 효과가 있음을 확신하고 전파하라.
- 감사하는 마음은 수면의 질을 개선하고 숙면을 취할 수 있음을 확신하고 전파하라.
- 감사일기를 통해서 구성원의 회복 탄력성을 키우고 조직의 생산성을 높여라.

마치는 말

조직의 성과는 리더 한 사람 힘으로 될 수는 없다. 모든 구성원이 리더가 되어 주체적으로 리더십을 발휘하고 업무에 몰입할 때 성과가 온다고 믿는다. 그러기 위해서 리더는 통찰력을 가지고 맡은 조직을 최소 90일 안에 장악하고 구성원들과 진정성 있는 소통을 통해 한 방향 목표를 설정하고 지속적으로 공감하며 나아가야 한다. 리더의 진정성과 조직 구성원을 사랑하는 마음을 가지면 구성원들이 알고 따르게 된다. 또한 성과의 과실이 나오면 나보다 후배들을 더 챙겨줄 때 그 이후의 성과의 과실은 더 커진다는 것을 알아야 한다.

리더십을 연구하고 강의하다가 실제로 현장에서 리더십을 발휘하며 영업을 해본 소감은 아무리 배우고 실천해도 절대 혼자서는 갈 수 없다는 점이다. "혼자 가면 빨리 갈 수 있지만, 멀리는 못 간다"라는 말처럼 함께 가는 것이 필요하다. "한 사람의 리더는 없다, 모두가 리더다."

삼성에 입사한 후 30년 동안 많은 혜택을 받으며 성장했다. 삼성과 함께했기에 지금의 내가 있음에 진심으로 감사하다. 나의 인생관과 직업관을 만들어준 선배들이 존재했기에 나 또한 성장하고 행복한 삶을 살 수 있었다. 이제 새로운 곳 새로운 영역에서 남은 인생을 베풀고 나누는 삶을 살고자 한다. 우리 리더들이 가는 길은 결코 평탄한 길이 아니다. 가시밭길이고 힘든 길이다. 한 걸음 한 걸음 나아갈 때마다 자신의 철학과 리더임을 잊지 않고 나아가길 바란다.

액션리더십

뛰어난 리더는 어떻게 침체된 조직을 일으키는가

초판 1쇄 발행	2021년 7월 10일

지은이	임태조
펴낸이	신민식
편집	최은정, 김혜수
마케팅	이수정, 이택민
디자인	이세영
경영지원	정만성

펴낸곳	가디언
출판등록	제2010-000113호
주 소	서울시 마포구 토정로 222 한국출판콘텐츠센터 306호
전 화	02-332-4103
팩 스	02-332-4111
이메일	gadian@gadianbooks.com
홈페이지	www.sirubooks.com

ISBN	979-11-89159-93-1 (03320)